重庆市教育委员会人文社会科学研究重点项目“高校思想政治教育管理理论与实践研究”（项目编号：17SKG068）主要成果

思想政治教育研究文库

—

大学生思想政治教育管理学

石加友　苗国厚　著

光明日報出版社

图书在版编目（CIP）数据

大学生思想政治教育管理学 / 石加友，苗国厚著
. --北京：光明日报出版社，2022.2
ISBN 978-7-5194-6472-1

Ⅰ.①大… Ⅱ.①石… ②苗… Ⅲ.①大学生—思想政治教育—研究—中国 Ⅳ.①G641

中国版本图书馆 CIP 数据核字（2022）第 039045 号

大学生思想政治教育管理学
DAXUESHENG SIXIANG ZHENGZHI JIAOYU GUANLIXUE

著　　者：石加友　苗国厚

责任编辑：杜春荣　　　　责任校对：陈永娟
封面设计：中联华文　　　责任印制：曹　净

出版发行：光明日报出版社
地　　址：北京市西城区永安路 106 号，100050
电　　话：010-63169890（咨询），010-63131930（邮购）
传　　真：010-63131930
网　　址：http://book.gmw.cn
E - mail：gmrbcbs@gmw.cn
法律顾问：北京市兰台律师事务所龚柳方律师

印　　刷：三河市华东印刷有限公司
装　　订：三河市华东印刷有限公司
本书如有破损、缺页、装订错误，请与本社联系调换，电话：010-63131930

开　　本：170mm×240mm
字　　数：187 千字　　　　印　　张：14
版　　次：2022 年 2 月第 1 版　　印　　次：2022 年 2 月第 1 次印刷
书　　号：ISBN 978-7-5194-6472-1

定　　价：89.00 元

编委会

主　编： 石加友　苗国厚

副主编： 陈　静　任超阳

编　委： 孙渝莉　曾令斌　童　隆　庞贺峰

刘　念　白雪妮　刘佳颖　童　云

邹雪茹　廖　睿　张静森　胡　润

目 录
CONTENTS

第一章

绪　论

习近平总书记在党的十九大报告中指出："要全面贯彻党的教育方针，落实立德树人根本任务，发展素质教育，推进教育公平，培养德智体美全面发展的社会主义建设者和接班人。"①

思想政治管理学和教育学进行创造性的结合形成了思想政治教育管理学。它是研究思想政治教育管理规律的一门应用性学科。它以思想政治教育活动的特点和规律为研究对象，以研究思想政治教育管理原则、机制、体制、目标和管理过程、管理技术等为主要内容，以推动思想政治教育学的发展为目标，以提高思想政治教育的可操作性为最终教学目的。思想政治教育管理学的重要性无可置疑，无论是对学校引导大学生思想还是对整个学校思想政治教育的发展与管理都是非常有帮助的。因此，本章节将系统地阐述思想政治教育管理学的研究对象、内涵外延、主体结构以及研究方法。

① 习近平．决胜全面建成小康社会　夺取新时代中国特色社会主义伟大胜利［N］．人民日报，2017-10-28（01）．

第一节　大学生思想政治教育管理学的研究对象

广义上的管理通常包含了四大要素：管理的主体、客体，组织的目的、环境。对大学生思想政治教育发展情况进行教学和探索，是大学生思想政治管理学的目的和方向，因此，学术界认为，大学生思想政治教育管理的研究对象包含对大学生思想政治教育管理学中管理主体、管理客体、最终目的以及环境条件的界定。

研究当代大学生思想道德的发展和特点，如何进行合理有效的管理是大学生思想政治教育管理学这门学科的关键，该学科对大学生思想政治教育的整个过程进行管理。该学科的内涵揭露了它的研究对象的本质，如何确立研究对象是由学科的特殊性、矛盾性决定的。因此，可以把思想政治教育管理学的研究对象概括为：大学生思想政治教育的整个过程以及对大学生进行思想政治教育的规律。对当代大学生的思想进行教育和引导的目的就是让大学生形成符合社会发展要求的思想品德，进而促进整个社会发展，培养为社会进步做贡献的高级人才。思想政治教育管理学的基本要素可以等同于整个思想政治教育系统必不可少的要素。

思想政治教育学科发展的基础要素和前提包括思想政治教育的基本要素，准确把握和领会当代大学生思想政治教育管理的基本路径和规律，增强思想政治教育的可操作性具有十分重要的现实意义。

大学生是思想政治教育的主要研究对象，是思想政治教育管理学的客体。客体思想和理念的创新是思想政治教育创新发展的前提，管理学所蕴含的丰富内涵和先进理念为我们提供了基本思路，人本原理、系统原理、伦理原理与责任原理都是客体必须严格遵守的理念，思想政治教育的客体以及主体都是人。可以说提倡“以人为本”的理念，是思想政治教育管理工作的出发点和立足点，把人作为教育的研究对象，可以调动主体和客体的积极性，发挥思想政治教育系统的主动性和能动性。

大学生思想政治教育的环境也是管理学的研究对象。教育环境与教育者、教育对象、教育介体同样重要，都是构成思想政治教育活动的不可或缺的部分。只有这四个部分都抓齐，共同发挥作用，才能使思想政治教育发挥出该门学科的作用。因此，在大学生思想政治教育管理中，对学校整个风气都要进行严格的管理，不能助长歪风邪气，要建立良好的学习氛围，从而帮助思想政治教育更好、更顺利地在学校开展。

第二节　大学生思想政治教育管理学的内涵外延

思想政治教育管理学在狭义内涵上是指社会和社会群体用一定的思想观念、政治观点和道德规范，对社会成员进行有目的、有组织和有计划的影响，使他们形成一定社会所要求的思想品德的活动。具体表现在教学中，就是大学设置了思想政治教育管理学这门课程以供学生学习，且这门课程属于非选修课，这也体现了我国高校对学生思想政治教育管理的重视，为培养社会主义现代化人才奠定基础。作为我国教育体系的重要环节，思想政治教育随着经济的发展和社会形势的变迁，已经将人本自由思想的追求，个人自身理念的提升，个人发展的追求作为根本任务之一。

而从大学生思想政治教育管理学外延上来说，大学生思想政治教育管理是一个系统完整的工程。它是一个包括管理者、组织者、实施者以及各种载体要素在内的系统工程，如何通过管理体制和运行机制的创新使各种教育资源得到优化配置是提升思想政治教育可操作性的具体问题所在。如何深化和拓展思想政治教育改革，推动该学科的理论创新和实践创新，以适应社会经济、政治、文化的巨大改变所带来的种种困难和挑战，发挥思想政治教育在创建和谐健康社会建设中的功能，稳定和固化马克思主义在当代文化意识形态领域的核心地位，维护社会和谐安定，促进和谐校园创建，从多方面促进当代大学生思想上的全面发展，为社会主义经济发展培养人才，这是当代学术界认为的思想政治教育领域重大而急迫的现实课题。目前在高校中，思想政治教育管理运行机制不够顺畅，多种教育力量的合力效应不够明显，各种政策措施之间脱节，团队意识和合作精神相对缺乏等问题还客观存在，制约了思想政治教育的效果。部分高校研究型思想政治教育管理干部队伍尚未形成，对大学生思想行为了解不多，预测不够且重视还不够，工作的科学性、预见性、创造性、实效性不强。因此，要研究思想政治教育的管理体制和运行机制，真正建立起全员育人、全方位育人、全过程育人的大德育格局，将大学生思想政治素质的培育融于教学、管理和服务的各个环节。而如何建构一个自上而下的人才培育系统，是大学生思想政治教育创新发展的重要任务，具有重要的现实和实践意义，也是今后努力的方向。

如今，在社会主体多元化、文化多样化的情势下以及经济全球化的境况下，各种社会思潮相互激荡，对社会主义核心价值理念形成强大的外在辐射力，对校园的冲击力也是非常巨大的。如何在继承和发扬我党思想政治工作优良传统的基础上，总结和提炼改革开放 40 多年来的思想政治教育取得的丰富的成就和经验，以科学发展观领导当代大学生思想政治教育的全面建设，将科学发展观和可持续发展理论应用于大学生思想政治教育管理中；如何用马克思主义的最新成果指导思想政治教育进行实践，共同建立思想政治教育学科体系，促进思想政治教育理论和方法的创新，坚持和弘扬社会主义核心价值体系，引导大学思想政治教育把握正确导向，这些都是如今面临的紧迫任务，需要每位主体人员进行思考和分析，并在今后的教学过程中，结合实际情况进行解析。如何对当代大学生思想的创新和发展进行理论研究和社会实践，具有极大的理论意义和实践意义。这些都是对大学生思想政治教育管理学外延上的积极补充，是今后思想政治教育管理学的研究方向。

第三节 大学生思想政治教育管理学的主体结构

任何研究和发明如果没有进行成果转化，就没有办法为人类的文明和发展做出应有的贡献。随着社会的发展，当前世界竞争归根结底是人才的竞争，而互联网把竞争扩大到全球范围。正如狄更斯所说，这是一个最好的时代，也是一个最坏的时代。因此，面对竞争日益激烈化和全球化的形势，大学也在谋求校企合作，力争增加发明和创造，保护发明和创作的知识产权，大学科技园在大规模地兴建，科技和市场效益的转化越来越明显和频繁，科研合作的跨领域、跨地域，甚至谋求全球合作都更为寻常，也在逐渐增加，这也为高校思想政治管理人员如何管理新兴领域和新兴成员提出了新的难题。如何管理才能在校园内营造尊重知识、尊重科学家的氛围，为科技发展提供安静和谐的校园环境是高校管理人员努力的方向，这也说明如何提升高校思想政治管理人员的专业化、职业化是日趋重要的，是高校思想政治管理人员发展的趋势和方向。从我国发展的历程与我国实际情况的结合来看，我们可以明确得知目前高校思想政治教育管理人员在日常教学中所处的地位，和在上情下达层面上发挥的交接功能。

大学生思想政治教育管理学的主体结构是高校的管理层和高校教师。高校的管理层如何管理好高校教师，以做好校园思想政治教育管理工作，是高校每一位职工关切的问题。

大学生思想政治教育管理是高校众多管理工作中的重要的内容之一，也是积极响应党的方针、为社会主义培养合格接班人的基础性工作，是不可或缺的工作之一，是保障大学生思想政治教育有效、高效的有力措施。树立以人为本的科学管理理念，以大学生作为研究基础，任何方法都只是辅助。坚持以人为本尊重学生，站在学生的角度将心比心地考虑学生的难处，而不是一味地发号施令，才是促进当代校园健康发展的作用步骤和必要手段。作为人才培养基地的当代高校，必须将以人为本的思想政治教育理念贯彻办学目标的始终，在制度上进行探讨和实践。综合来看，当代大学生思想政治教育管理也得到了发展，如高校大学生思想政治教育的途径不断拓展，大学生思想政治教育的教师团队也不断得到建设，大学生思想政治教育管理各项制度得以建立健全、管理形式开放式多样化，服务质量得以大幅度提升等。但是在看到好的一面的同时，不可忽视现在存在的种种问题，如高校在大学生思想政治教育管理中缺乏完整体系的制度，从学校的管理层开始各部门在大学生思想政治教育的管理上就比较浮于表面，对大学生思想政治教育不够重视，缺乏相关人才，没有形成专业教师团队，使得从理论到实践的过程缓慢且脱节。这些问题在理工科学校尤其突出，各级院系在相互竞争中更加注重的是专业性的成就与比拼，缺乏对学生的思想政治教育。管理主体在广义上是指管理活动的发出者和执行者，因此，大学生思想政治教育管理学的主体结构包括教师团队以及高校管理层。如何将这两者联系配合，做好大学生思想政治教育管理工作，是需要解决的最根本问题。上文提到要坚持以人为本，这里的“人”不仅仅指学生，也指教师，只有提升教师的积极性，发挥每位教师的才能，才能更好地将教学工作完成，不断创新管理理论。这对如何做好思想政治管理工作制订明确的计划和实施步骤，建立健全管理机制，不断提升和应用人本理念，实现大学生思想政治教育管理的新发展具有实际意义。

一、学校领导班子身先士卒是前提

领导是整个高校运作的带头兵，起着模范作用，对整个学校的办学理念和发展方向有着重大的影响。因此，做好大学生思想政治教育管理工作，要求学校领导班子首先要做到身先士卒。要加强对大学生思想政治教育的管理，必须从头抓起。第一，学校领导班子必须提高对大学生思想政治教育的重视度，处理好上下层级关系，建立和谐稳定的上下关系。高校的领导者必须做好总体把关，虚怀若谷，对工作的检查落实了然于心，积极跟进，起着指挥的作用；必须将大学生思想政治教育融入学校的各个方面，不仅仅关注和要求学校的优势专业发展好，还应该积极树立管理大学生思想政治教育的意识，对于党中央的指示与方针积极响应、宣传，采取实际行动。第二，领导班子的榜样作用具有更强的感召力。榜样力量在现实生活中出现的次数无法计量。之所以学校的大学生思想政治教育管理始终达不到一定高度，很大程度上是因为从学生到教师都对领导管理层对此的重视抱有疑虑。因此，学校领导班子树立良好的榜样相当重要，要定期参与学校思想政治教育管理探讨会，积极考察指导学校思想政治教育相关教学机构、部门以及教师，熟悉学校思想政治教育工作的完成情况和总体布置，积极培养与引进大学生思想政治教育的专业人才等。

二、健全的规章制度是发展的保障

建立健全的规章制度能使教师工作有法可依。健全合理的规章制度如：教师的聘任制度，岗位责任制度，结构工资制度，奖惩制度等，能约束教师的日常行为，规范学校教学秩序，维护学校正常的工作环境，只有和谐安宁的校园，才能维护象牙塔的相对纯洁和宁静，才能为学生安心学习、提升个人素质提供保障。同时，健全合理的规章制度能够使教师在日常教学中依法行事，避免无知犯法，有明确的教学规范，保障学校各项活动顺利开展，对教师个人职务晋升和职业技能提高指出道路和方向，使学校工作有序开展，最大限度保护教师和学生自身安全，避免挫伤思想政治教育管理教师的工作积极性，使教师通过个人努力可以得到成功的机会，明确付出就有回报的工作机制，从而维护教师的积极性，保障教师个人素质得到良性发展，学校教师之间的竞争得到健康有序发展，在学校范围内形成你追我赶的积极作为的良好环境，教师个人保持饱满的工作状态，工作积极性得到维护和发挥。

建立健全规章制度，提高教师工作成绩。任何人在付出体力劳动或者智力劳动之后，给予其正常的评价才适宜。而只有建立健全正常的评价机制，才能对教师的付出和教学成果进行准确评价，才能发挥导向激励作用。评价是为了维护教师的工作积极性，也是为了对教师自身的付出是否到位，有没有存在不足和缺点有明确的指点，还是为了让教师对自身进行更为明确的改正和提升，只有公正合理的评价才能对教师的行为做有效的判断，才能让被评价者心服口服，心情愉悦，在评价之后，查漏补缺，更上一层楼，重新焕发更高的工作积极性。反之，如果不给予公正的教学评价，不但会严重打击教师的工作积极性，而且有可能使其从此对教学工作抱有敷衍态度，更为严重的是将因此影响教学质量。中国人最为认同的就是不患寡而患不均，要按劳取酬，多劳多得，而非弱者不干，却得到同样的报酬和同样的评价，长期下来这样会抑制教师的劳动积极性，使其产生焦躁不安的情绪，对于维护教师队伍的稳定性是极为不利的。大锅饭是不利于先进人物脱颖而出的，只会造就大批的赖汉、懒汉，使打造优秀校园，辅导学生出成绩，科研出成果都成为一纸空文，只会导致被动等待的工作情绪，对高校校园的稳定发展带来不利的影响。

高校管理层要有严格的分工、责任制度。首先，应使思想政治教育管理不再是空谈，一步一步脚踏实地地形成管理机制，保证学校思想政治教育方向的正确性，实施的准确性，结果的实效性。其次，应当建立和完善相应的思想政治教育管理机制，确认第一负责人、第二负责人。明确分工，使高校各个部门参与思想政治教育管理，积极配合思想政治教育的主要负责部门完成相关工作。

三、加强队伍建设是关键

高校思想政治教育队伍是整个管理体系的关键。再好的将军也需要强有力、高素质的士兵将下达的任务完美执行。建立思想政治教育队伍的工作在干部、教师、学生三个领域都要紧抓。培养、提拔有能力、有素养的干部，具备较好的组织能力与沟通能力，在管理层与教师之间做好桥梁，传达完成链接工作。更关键的是建立良好的教师团队，教师是学校的形象代言人，优秀的教师队伍，是培养人才、提高教育水平的根本。要加强教职工队伍建设，一要解决结构性和编制性存在的矛盾，将教师年龄层次和编制标准、办学规模、教师老化以及奖励措施缺失进行改善，逐步推行以聘用制和岗位责任制为核心的人事管理制度改革，加强教师职业技能和职业道德培养。只有整体优化教职工结构，才有助于教职工个体与个体之间，个体与群体之间，群体与群体之间形成相互影响、相互赶超、相互合作的良性竞争机制，以此产生教师群体中的学科领军人物，发挥蝴蝶效应，给群体中的其他成员带去激励效应。这有助于增强全体成员的集体荣誉感和归属感，有助于教师群体的校本发展和教师个体的素质发展。二要加强领导，落实监督措施。作为大学教员的管理部门和领导者，必须建立规范的校园改革方案和量化考核细则，在此基础上，制定、出台切实可行的监督方案以及措施，应用于教职工管理，建立党委成员"分片包干"制度，校园的管理部门要经常深入课堂，了解学生和教师需求，结合当前形势，分析师资队伍出现的问题，并及时解决，切实抓好工作落实，教师的管理模式的改革不能流于形式，要做到赏罚分明，以此规范教职工队伍建设，锻造一支素质高、业务强、守纪律、爱学生的优秀教师队伍，如此才能实现学校师资队伍建设的新发展。除此之外，建立学生干部团队也是很有必要的，学生干部是高校干部与教师的得力助手，需要保持对学生思想政治教育工作的及时性和主动性，实时得到学生们的真实想法，迅速对此采取相应的措施。

只有将高校管理层、各个行政部门、教师团队以及学生干部团队连成一条线，才能使大学生思想政治教育管理发挥它的作用。思想政治工作本身在正确导向和体制下的合理存在，从业者主体意识的专业化和综合素质的全面提高，在实践中强化生命力，只有这样才能将主体的角色定位准确，保证高校大学生思想政治教育的有序运行。

第四节 大学生思想政治教育管理学的研究方法

改革开放40多年以来，我国高校对大学生思想政治教育已经开展了很多卓有成效的工作，也取得了一定的符合我国国情的成果，积累了如何解决大学生思想政治教育过程中遇到的问题的经验。当今世界飞速发展，我们和其他国家的距离也出现前所未有的拉近，尤其是互联网的发展，让我们和世界各国的各种文化思潮都零距离接触，我们接触到香花，但也不可避免地遭受了很多毒草的侵袭。因此，在如今经济一体化，我国正在进行新一轮更大规模改革开放的今天，每个人都会受到各种不同思潮的影响，改革开放不仅仅为我国经济带来了40多年的飞速发展，使我国成为第二大经济体，也带来了社会结构的转型和产业升级发展，这不可避免地对大学生所处的原生家庭产生巨大的冲击和影响。因此，大学生在家庭教育中有可能受到影响，产生一系列的问题，而由于学生进入大学个人生活环境有所变化，这些问题使学生的思想出现波动。大学生思想政治教育管理人员如何处理这些问题，是一个巨大的挑战，需要因材施教，各个突破。在新的社会发展背景下，需要关注大学生日常思想政治教育新出现的全新问题和特点，即教育背景的开放性、教育理念的人本性、教育内容的多样性和层次性、教育载体的高科技化。

对于目前教育系统工作者政治理论学习的现状和困境，大家早已有目共睹。针对当前学习中存在的种种问题，唯有加强学习才是正途。

对我国教育行政部门来说，对教师的思想行为进行统一学习和规范不仅仅是一种学习手段，也是一种行政手段，学习一般分为自我学习和集体学习。因此，各级学校都把对教师开展各种学习和培训作为提升教师思想认识和个人素质必不可少的手段。通过先天个人资质加上后天的学校培养、家庭父母言传身教、社会上的专业职业技能培训、卫生医疗保健、劳动力向发达地区自动迁移和扩散等途径可以形成高素质的人力资本；可以增加人力在技术、身体机能、职业道德素养以及组织协调能力等方面水平的提升。人力资本要达到社会接受和适应的条件，必须消耗一定的后天稀缺资源，如教育和培训。这种后天资源最终是为了人力在未来能够获得更多的收益才存在的，可以说是不可或缺的。从上文我们可以得知，对教师进行培训，是提升人力资本的价值，是最为有效、最具备经济效益的投资。我国高校一般在固定时间进行学习，通过学习，提升教师的思想政治素质和教学能力，就能保证教师的所作所为符合培育社会主义人才的标准，为实现社会发展和国家经济发展奠定人才基础。

如何提升大学生思想政治教育活动的实际操作性，是决定大学生思想政治工作是否取得成效的关键。在我国政府、学术界的专家们以及各级高校工作者的共同努力下，我国的高校思想政治教育工作特别是理论教育工作已经取得了系统的发展，积累了很多现实国情下的理论和处理事情的经验。但是，任何一件研究工作都不可能是完美无缺的，都还需要我们继续努力，思想政治教育工作亦是如此。作为高校思想政治教育工作的重要组成部分，我国的大学生思想政治教育还有可以继续努力的地方。我国的大学生思想政治教育工作还存在理论性太强，而可操作性不强的问题。因此，如何提高思想政治教育的理论性和可操作性是我们高校思想教育工作者今后努力的方向。在新的经济形势下，我国的高校大学生在思想观念以及为人处世上都表现出比以往的大学生更为张扬的特性，因此，如何正确引导大学生的思想，这对高校的思想政治教育工作者提出了新的挑战。对大学生进行全面的思想政治教育，必须在教育方式、教育情境以及教育手段上都加以改进，以期更为符合当今大学生思想状况，这已经成为目前大学生思想政治教育亟待解决的重大课题。

提升和改善大学生思想政治教育，完善大学生的思想品质，培育合格的社会主义经济的推动者，为促进国家全面发展提供人才支持和人才培育，我们必须在高校内营造和谐健康的大学生发展环境，建立健全各类机制，应用高校丰富的大学生思想政治教育资源，采取多种多样的教学手段，提升大学生思想政治教育的可操作性。确保培育德智体美劳全面发展的高素质人才。改革开放以来，党中央一直强调大学生思想政治工作要“两手抓，两手都要硬”，切实加强和改进对大学生思想政治工作的领导核心作用。我国的高校要切实履行党的要求，加强和改进思想政治教育工作，培育大学生艰苦奋斗、团结协作的观念，树立自立自强的意识，把大学生思想政治工作摆在学校工作的首位并贯穿于整个教育工作的全过程。

随着“科教兴国”战略的不断实施，高校科技在经济、社会发展中的地位和作用日益突出。“科学发展观”中“以人为本”思想的提出，人的全面、健康、协调、可持续发展越来越受到关注。因此，高校思想政治管理学的管理作用将更加突出。这就要求我们的主体结构更加专业化、实效化，提高高校思想政治管理人员的专业化水平对于推动高校管理工作落实具有积极的作用，可以说，高校思想政治管理人员专业化是社会、经济、科技、教育改革和发展的需要，是顺应历史潮流的一种需要。

第二章

大学生思想政治教育管理学原理

第一节　大学生思想政治教育管理的本质

思想政治教育是在国家和阶级形成之后才出现的，是对阶级社会成员实施的，在价值理念、思想观点、道德规范等方面有计划、有目的地产生影响，以保证其社会成员自觉形成与阶级社会形式相吻合的思想品德。不管是怎样的社会形式，思想政治教育的管理都是始终存在的，只不过体现的形式有所差别，会因为社会制度的不同而出现不一样的外在表象。管理是负责人以规划、决定、组织、调节、掌控等多方面的权利，对组织资源进行优化配置，合理利用所有的条件，达到相应的目的的过程。两者的性质和功能不同，但都是为达到一定的目标而进行的实践活动。在实际工作中两者相互渗透、相辅相成。

大学生思想政治教育科学管理，是指高校思想政治教育管理者，包括高校思想政治教育管理组织机构及其工作人员，在认识并遵循高校学生思想政治教育客观规律的前提下，通过一定的科学措施和手段，协调高校学生思想政治教育活动中的各种因素，优化配置高校人力、物力、财力等管理资源，保证高校思想政治教育的有效运行，实现高校学生思想政治教育目标的过程。

一、教育管理的本质

本质是事物的内部联系，它由事物的内在矛盾所规定，是事物的比较深刻的、一贯的和稳定的方面。为了认识大学生思想政治教育管理的本质有必要首先讨论一下教育管理的概念，即教育管理的一般本质。把管理系统的一套方法引进高等教育领域，把高校的大学生和教师作为被管理对象，把培养全面发展的可持续发展人才作为管理目标，我们称之为“教育管理”。

教育管理也有它的本质属性，表现为它的二重性，即自然属性和社会属性。其自然属性又表现为两个方面：一方面，这种活动是国际范围内普遍共有的，目的都是更好地培养新一代；另一方面，这种活动本身具有客观规律性，教育管理必须遵循这普遍的规律。教育管理活动的共有性和规律性，不因政治、经济和文化背景的差异及历史时期的变化而变化，故其具有自然属性。其社会属性也表现为两方面：一方面，教育管理的指导思想（包括办教育的宗旨和培养人的目标）不可能超越特定的社会、特定的历史阶段和特定的文化；另一方面，教育体制总是社会制度的一个重要组成部分，是为一定的政治服务的，教育管理的这些特定性、政治性，使其具有明显的阶级性，故其具有社会性质。我国的社会主义教育管理强调公民的受教育机会均等，强调民主集中制，这是与我国的根本制度相一致的，是广大人民根本利益和意志的一个体现。以上就是教育管理活动的本质属性。

教育管理还有它的特殊属性。首先，它产生于教育活动的需要，是从教育活动中分离出来的一种特殊职能活动，它不是从外部“引进”的，而是教育活动内在逻辑发展的结果，是教育活动的重要组成部分。其次，在教育所拥有的资源中，人力资源突出地表现为智力资源，高等学校是高级知识分子集中的地方。能否充分发挥这种智力资源的作用，是以智力资源开发智力资源（培养人才）的先决条件，而以智力资源开发智力资源正是教育管理的核心内容。再次，教育管理的目的在于全面实现教育的目标，概括地讲，就是通过提高管理水平，促进教育水平和学术水平的提高，出人才、出成果，以使教育能主动适应经济、社会发展的需要。最后，教育管理包括国家权力机关对教育的行政管理和高等学校自身的教育行政管理。国家权力机关对教育的管理以宏观决策和控制为其主要职能，高等学校作为办学的实体，应拥有较大的自主权，具备主动适应经济、社会发展的机制，其管理的中心任务是科学地组织教育过程，以保证培养目标的实现。

从整体上讲，在高校中的教育管理是对高等教育活动实施决策、计划、组织、指挥、控制的职能系统，旨在有效地运用智力、财力、物力、时间、信息等各种资源，为人才培养和科学研究创造条件，以实现高等教育的目标，它产生于高等教育活动的内在需要，并随着高等教育活动的发展而发展。

二、思想政治教育管理的本质

大学生思想政治教育，就是高校为了实现国家全面发展目标，遵循教育规律，有目的地对学生施加思想政治方面的影响，通过内化和外化，培养和塑造符合社会发展需要的人才而展开的教学实践活动。高校承担着人才培养、科学研究和服务社会的职能，是培养全面发展的高素质人才的摇篮，所以思想政治教育在高校显得尤为重要。大学生思想政治教育是一种教育实践活动，它既包括按一定的要求，有目的、有计划、有组织地向年轻一代传授知识与技能，培养思想品德与情操，发展智力和体力的学校教育；也包括一切影响学生的知识技能、品德情操、智力和体力的社会教育。这两种教育都是高校按照一定的需要培养人的一种社会实践活动，它的目的在于解决树立学生正确的世界观、人生观和价值观等问题，从思想政治上保证受教育者成为全面发展的社会主义的“四有”新人。

思想政治教育管理是教育管理的一种，遵循教育管理的内在本质，是教育管理者遵循一定社会的要求与其管理自身规律，使教育更好地促进人类再生产从而更好地为社会服务的社会活动。大学生思想政治教育管理就是，思想政治教育管理者遵循一定社会的要求与其管理自身规律，为党的路线、方针、政策，尤其是教育方针政策服务的一种管理活动。高校学生思想政治教育管理，是指高校思想政治教育管理者，包括高校思想政治教育管理组织机构及其工作人员，在认识并遵循高校学生思想政治教育客观规律的前提下，通过一定的科学措施和手段，协调高校学生思想政治教育活动中的各种因素，优化配置高校人力、物力、财力等管理资源，保证高校思想政治教育的有效运行，实现高校学生思想政治教育目标的过程。大学生思想政治教育管理必须要反映人们对于大学生思想政治教育管理现象（活动）的理性认识、理想追求及其所形成的大学生思想政治教育管理观念。大学生思想政治教育管理是管理主体在大学生思想政治教育管理实践、思维活动、交流互动等过程中所形成的大学生思想政治教育管理价值取向与反映，是一种有相对稳定性、延续性和指向性的教育管理观念体系。

思想政治教育是人类社会历史不同阶段和不同阶级共有的社会活动，

有助于我们更深刻地认识思想政治教育的客观必然性，批判地继承和借鉴中外历史上不同阶级思想政治教育的一切有益经验，通过比较更好地把握党的思想政治教育的本质特征，从而更好地开展思想政治教育。

三、思想政治教育管理具有的特点

思想政治教育管理的政治性、协同性、育人性是高校思想政治教育管理过程中应有的要求，也是思想政治教育管理现代化的特点所在。

政治性。大学生思想政治教育管理具有鲜明的政治性。全国的高校都是党领导下的高校，因此，想让我们的高校得到良好的发展，必须坚持马克思主义的科学指导。习近平总书记说过，方向决定道路，道路决定命运。大学生思想政治教育管理为党的路线、方针、政策，尤其是教育方针服务，这个根本要求不能变。马克思主义是一个十分完整而严密的理论和知识体系。它不仅完整地包括了马克思主义哲学、政治经济学和科学社会主义的各个组成部分，而且每一个部分在基本概念、范畴、规律上都有着严密的逻辑结构。大学生思想政治教育管理必须以马克思主义为根本指导，遵循这一理论的完整性和系统性，始终坚持马克思主义各个组成部分完整、系统的指导。马克思主义是不断发展的理论，中国共产党在领导中国人民进行革命斗争和社会主义建设的过程中，把马克思主义同中国实际相结合，产生了毛泽东思想和中国特色社会主义理论体系两大理论成果，极大地丰富了马克思主义的理论宝库，推动了马克思主义理论的发展，为思想政治教育学奠定了更为丰富、坚实的理论基础。而且党的领导人关于思想政治教育的论述更加充实、完整，对大学生思想政治教育更有直接的指导作用。

协同性。管理工作就是协同，协调各方。思想政治教育管理工作要协调学校组织部、宣传部、学工部、团委、各学院等相关部门，做好校内、校外的协同。当下的社会环境是一个开放型的社会环境，大学生的身心都很容易受到外界种种诱惑的影响。如果想要在这样的社会环境下更好地完成思想政治工作，首要任务就是思想政治教育工作者本身应该具备良好的个人素质，较强的业务能力，极为坚定的思想立场，因为只有这样才能强有力地抵制社会中各种不良或是低俗思想对自身的影响，才能为尚未形成正确世界观、人生观、价值观的大学生树立一个很好的标杆，才能为大学生排解诸多思想方面的问题。高校思想政治教育工作者都是在工作中不断地去学习，不断地提高自身的综合能力，深刻学习和理解党和国家有关高校教育方面的新政策，站在正确的政治立场上，运用科学的工作方法，开展思想政治工作。另外，高校思想政治管理工作中还加入了人文主义思想教育，这不但开阔了大学生的眼界，使得大学生更加聪慧，还让大学生有更高品质的审美取向，还对其世界观、人生观、价值观的形成起着重要的导向作用，人文思想教育在应用型院校的政治思想教育中具有很大的作用。与此同时，在高校工作中通过依靠学生，主要是依靠学生党员、共青团组织和入党积极分子更加深入学生群体地去开展工作，了解学生的真实想法、真实需要和情绪波动，进而达到提高工作效率的目的。通过充分发挥他们在学生群体中的作用，依靠学生做好学生的思想工作，日常生活和学习的组织、管理工作，不仅调动了学生积极参加校内外有益身心健康的课外活动，还可以帮助学生开展自我教育，进而培养学生独立思考和独立工作的能力，提高学生自身的创造力和领导能力，达到“授之以渔”的教育目的。就学生自身而言，也会自然而然地在思想上坚持正确政治方向，坚持对共产主义的信仰，加深为人民服务的思想认知，使自己的精神追求与马克思主义思想产生紧密联系。

育人性。高校不仅是在为党与国家培养中国特色社会主义的接班人，更是在为中华民族的伟大复兴、为中国人民的安居乐业培养人才。高校的思想政治建设工作，始终把学生思想政治教育放在第一位，坚持以学生为本位，有效地、尽可能地将所有的思想政治工作都交给学生本身去进行，都是以引导学生形成良好的心理状态为工作目标，按照“廉”“严”“实”“优”的工作要求，深入班级、深入宿舍、深入活动场所，主动地去接触学生群体，使其在思想工作中拥有主动权。更深程度地去了解学生，对于学生的一些身心问题可以及时发现，进而及时处理，这样不仅可以加强思想工作的时效性，还能真正地在思想政治工作中做到“润物细无声”。

在全面深化改革的大背景下，各大高校深刻地认识到我国社会在经济、文化、科技等方面发生着重大变革的同时，在社会中发挥的职能也不断扩大影响，进而逐步改变了教育思想观念。高校应以培育科学、进步、现代化的教育观念为着力点。社会发展到这个阶段就不能把教育过程单纯地认知为“传道、授业、解惑”的“老三样”，而是应该在学生的日常生活中倡议和指导学生提升自身的认知能力、办事能力和与集体共同生活的能力，进而给学生正确引导以认识世界与中国的发展趋势，才能使学生客观认识当代中国，客观地看待外部世界的动态，最后能够激励学生主动把个人的理想和国家与民族的复兴大业密切关联起来。

第二节　大学生思想政治教育管理的规律

规律也可以被视为法则，是客观事物发展过程中的本质联系，具有普遍性的形式。根本规律是自然属性与社会属性的矛盾统一规律。自然属性是指管理本身所具有的普遍性和技术性的要求；社会属性是指历史继承性和为阶级服务的政治性要求。大学生思想政治教育管理的规律可总结为以下几个方面。

一、适应发展规律

习近平指出，我国高等教育肩负着培养德智体美全面发展的社会主义事业建设者和接班人的重大任务，必须坚持正确政治方向。这突出强调了高校必须坚持正确的办学方向，培养学生正确的思想意识。大学生思想政治教育的管理要以政治发展为导向，培养大学生树立正确的人生观和价值观，以此保证主流的社会意识形态适应这一变迁，促进社会政治发展。

学校教师和学生的思想是会受到社会政治、经济、文化等大环境的影响的，大学生思想政治教育的管理要与一定时期的社会经济、政治与文化相适应。生产力是经济发展的基础，大学生思想政治教育的管理应根据生产力发展的状况不断调整自身发展的内容和目标。高校是高等教育的载体，高校的思想政治教育发展水平对推动生产力发展也起着不可或缺的作用，高校实行思想政治教育管理要根据生产力的发展在思想领域不断提出新的适应生产力要求的发展方向，因此，要围绕适应生产力发展的状况和推动生产力发展的目的来实施大学生思想政治教育的管理。思想政治教育管理是高校能够顺利完成立德树人根本任务的重要保证。当今社会的全面发展与思想政治教育管理的深度融合为高校提供了形式多样的管理方法，思想政治教育管理者应该根据实际工作和社会的需要灵活地加以使用，针对不同情形做出合理调整，保证管理效果达到最佳状态，进而实现思想政治教育的目的，完成立德树人的任务。

二、协调联动规律

从高校自我管理的角度出发，高校思想政治教育管理就是围绕高校确定的思想政治教育目标和任务，优化各种要素与环境，促进高校整个管理系统的最优化发展。当前，高校思想政治教育管理系统的内部各要素在一定程度上维持着各自相对独立的运行状态，各方的管理自成体系且缺乏互动交流与协同统筹，内部各级管理组织的利益存在一定的不平衡性，可能会使高校思想政治教育管理出现分散、低效等问题；思想政治教育管理系统的外部环境相对封闭，学校、家庭、社会三者缺乏必要的沟通联系，它们之间进行能量、物质和信息交流的协调性不够；思想政治教育管理内外部系统没有形成有机的衔接性，制约着高校思想政治管理整体效果的发挥。所以，我们要以全面的、系统的、联系的观点对高校思想政治教育管理创新进行审视，从系统内部的规律性出发，处理并管理好其中的各种关系，以求建立一个利益平衡、科学协调、良性循环的高校思想政治教育管理生态共同体。从高校学生培养的角度出发，高校应该积极开展有益的具有先进性的、健康向上的校园文化活动加强校园文化宣传，从音、体、美各方面加强宣传，利用校园文化的传播丰富学生的思想和认知，促进学生思想水平的提升。鼓励学生积极参加校园文化活动，在活动过程中锻炼自己，加强与他人的交流，这有利于促进团队协作，增强整体凝聚力和向心力。同时在参与活动过程中，学生逐渐锻炼了自身的思维、认知、判断的能力，有助于提高自身综合素质。高校文化活动建设，促进了人文精神和时代精神的传播，有利于学生在潜移默化中形成良好的行为习惯，传承良好的优秀文化传统，这对于宣传中国传统文化，提升学生思想境界具有重要意义。同时，对于充分发挥高校对研究生思想政治教育和心理辅导的作用，高校内部要设立学生思想政治教育和心理辅导的部门或机构，加强对学生思想认知的教育和心理问题的疏导，促进学生的健康发展，这是高校育人的责任。高校辅导员或专门机构的相关人员要充分认识到加强学生思想政治教育的重要性，随时关注学生在学业、生活中的变化，对学生出现的异常变化或状况要及时了解，寻求合理、科学的方法帮助学生及时排解困难，为学生的健康成长贡献力量。建立学生内部交流平台，用现代信息技术手段促进学生的自我发展，建立一个公开透明的平台，鼓励学生畅所欲言，积极传播正能量，通过平台的力量宣扬优秀的人物事迹，让更多的人了解和学习。建立一个公开的平台，拓宽了研究思想政治教育的道路，方便了学生间的交流，提高了学生的自觉性和主动性，有利于提高学生管理工作的效率和质量。

三、系统全面规律

现代管理理论认为，任何一个组织的有效管理都是一个封闭与开放相结合的过程。高校思想政治教育管理要做好管理育人工作系统内部的计划、组织等工作，就必须考虑到社会整体系统中的各种影响因素，充分利用社会资源和外界有利条件推动实现思想政治教育管理创新，整合社会系统中的优质思想政治教育管理资源，更好地运用到高校管理育人工作中。高校在制度上要健全和完善管理学生的制度和模式，从制度上促进学生的管理工作；在学生思想政治教育上，从上到下要认识到学生的思想政治教育工作的基础性和重要性。在实际工作中，学校、院系的管理人员都要进一步加强对于现代高校管理模式的创新和研究，探索符合学校当前实际的管理方式，同时不断加强制度的修订和补充，从管理程序和管理制度上加强约束，建立一套较为完整的针对学生的管理制度。在学生的自我管理环节中，学校要善于支持和引导学生的自我发展和自我管理，通过加强学生自我约束和服务，提高为学生服务的水平，也提高学生整体的思想道德素养水平。思想政治教育管理者秉承开放的现代意识与思维，摒弃封闭式的管理方式，使自己与被管理者保持信息对称，有效地掌握他们的思想动向和行为规律。还要让高校思想政治教育管理系统面向社会开放，让思想政治教育管理的触角延伸到家庭、社会以及各类互联网平台，建立协调的思想政治教育管理网络体系。

四、以人为本规律

高校思想政治教育管理及创新的过程要始终做到以人为本。目前，进一步加强和改进高校思想政治工作，主要是要强化思想政治教育的主体性，推进其以人为本规律的实施，这是针对当前面临的挑战所提出的有效尝试。当代大学生个性更加张扬，他们充满好奇心，敢于追求新事物，创造性更强，自我实现、自我发展的需求更加强烈，他们希望在思想政治教育管理过程中能够得到个性的形成和发展，不希望综合素质的全面提高受到制约。复杂的教育环境对高校思想政治教育管理提出了更高的要求，重新认识并定位大学生群体，积极调整管理思路，创新思想政治教育管理模式成为重中之重。因此，构建“以大学生为本”的管理模式成为高校思想政治教育管理创新的首要任务。当代的思想政治教育管理重心应该转向大学生，通过他们喜闻乐见的快速、便捷、灵活的传播渠道，在着眼于促进学生的全面发展的基础上，充分满足其多样性、个性化的需求，从而更加凸显高校思想政治教育管理以人为本的本质要求。高校学生思想政治教育管理必须坚持人性化的制度管理，从学生的切身利益与实际需要出发改变传统管理理念中学校与学生处于管理与被管理的对立格局。

高校学生正处于世界观、人生观和价值观逐渐成熟的阶段，需要利用制度去规范他们的言行举止，制度必须考虑到学生的人性化需要，也要注重与学生之间的交流和沟通，了解他们在学习、工作、生活上的实际状况。长期以来，很多思想政治教育工作者往往靠制定各种规章制度来规范和约束大学生的行为，以期达到管理的目的。严格要求并规范学生的行为是有必要的，但是如果这些规章制度没有从大学生的需要出发，必然会限制大学生的创新思维和创造力。高校学生思想政治教育科学管理要求管理者建立健全科学的、行之有效的各种管理制度，这些制度在维护高校思想政治教育工作正常开展的同时，必须最大限度地符合学生的需要，让大学生切实感受到管理的“人情味”。坚持人性化制度管理就是要把无情的规章制度管理与有情的人性化管理很好地结合起来，在使学生遵守规章制度的同时，调动学生的主动性、积极性和创造性，充分发挥学生的才干，使学生的行为最大限度地满足管理目标的需要。高校思想政治教育管理者要经常开展调查研究，充分了解学生的思想动态，听取他们正确的意见，来不断修改完善管理制度，制定出公正合理，严格平等的新的规章制度。

五、激发动力规律

调动干部、教师和学生的积极性。高等教育的任务是培养具有创新精神和实践能力的高级专门人才，要想实现这一教育目标，就要求高校教育者引导大学生开展自我教育、自我管理和自我服务。中共中央、国务院发布的《关于进一步加强和改进大学生思想政治教育的意见》中指出了加强和改进大学生思想政治教育的基本原则：坚持教育与自我教育相结合，既要充分发挥学校教师、党团组织的教育引导作用，又要充分调动大学生的积极性和主动性，引导他们自我教育、自我管理、自我服务。高校学生的年龄基本都在18周岁以上，在生理和心理上趋于成熟，他们的自我意识、自我评价和自我控制的能力都有了很大的提高。鼓励学生自我教育、自我管理、自我服务，有利于激发学生自身的主观能动性，使思想政治教育管理内化为学生自身的需要，强化学生对思想政治教育管理的认同和支持，变被动接受为主动参与，使学生形成良好的道德品质，自觉进行思想转化和行为控制，这既是高校学生实现自我发展的重要途径，也是加强高校学生的素质教育，培养新一代创新人才的必要条件。

培养学生的自我教育、自我管理和自我服务的能力和意识，是培养学生的独立生活能力的重要途径之一，也是高校的教育活动中不可忽视的一个重要手段。因此，重视学生自我教育、自我管理和自我服务的能力的培养，符合学生的思想和心理发展规律，有利于促进他们的思想和心理健康发展。高校学生的现实特点要求教育者在开展学生思想政治教育工作时，要根据当代大学生的新变化和新特点，着眼于培养学生对思想道德问题的分析、判断能力，重点加强班级集体建设，组织开展丰富多彩的主题班会等活动，加强学生会、研究生会建设，针对学生特点开展生动有效的思想政治教育活动，加强对学生社团的建设，支持和引导学生社团自主开展活动，启发他们的主体意识、参与意识，调动他们的积极性、主动性，引导他们在自我教育、自我管理、自我服务中提升素质，提高能力。

第三节　大学生思想政治教育管理的原理

大学生思想政治教育管理，即大学生思想政治教育与管理两者相契合的新型现代化教育管理模式，不仅要求思想政治教育在企业式管理中实现运行，而且还要求各高校管理决策应与该校教育发展方针相吻合。同理可鉴，思想政治教育管理原理是思想政治教育学原理与管理学原理两者相融合的产物，既反映思想政治教育学的特性，又体现管理学的精髓。

古人云，不以规矩，不能成方圆。事物的发展，都必须在尊重规律、规矩的前提下实现运行。那么，思想政治教育管理也必须遵循思想政治教育管理特有的原理，合乎“党委领导下的校长负责制”实际，保障思想政治教育管理过程有效实施。

“原理”一词在《马克思主义哲学大辞典》一书中被解释为：“探求和阐发客观规律的观点、命题和理论。原理是在实践的基础上随着人们对客观规律认识的发展而不断发展的。”《中国百科大辞典》认为“原理”即“某一领域或学科中带有普遍性的、最基本的、可以作为其他规律的基础的规律。原理以大量实践为基础，故其正确性直接由实践检验与确定”。

综上所述，笔者认为“原理”是人们在实践的基础上，探索、总结提炼出的符合事物发展规律的本质属性。思想政治教育管理的原理，就是思想政治教育管理过程中，具有普遍意义的基本规律。大学生思想政治教育管理原理，指的是大学生思想政治教育管理的实质及其运动的基本规律，它是对教育管理现象进行科学系统解读而形成的逻辑体系，是对思想政治教育管理方法与经验的高度浓缩和提炼，是管理思想的集中体现，对思想政治教育管理活动的展开具有普遍深远的指导意义。

一、阶级原理

自中华人民共和国成立以来，我国高等院校领导体制先后历经了八次转型，直至现行的“党委领导下的校长负责制”。八次不同领导体制的变革，唯一不变的就是不断地确立党中央的高度集中领导权，在适应时代发展需要的同时，始终坚持企业式管理模式服从于党的集中领导，以“党领导，企业化经营”模式实现高校思想政治教育管理活动的有序展开。因此，阶级原理应属思想政治教育管理的首要原理。在思想政治教育管理活动中，阶级原理集中表现在以下方面：始终坚持党中央的集中统一领导。《国家中长期教育改革和发展规划纲要（2010—2020年）》明确提出：高举中国特色社会主义伟大旗帜，以邓小平理论和“三个代表”重要思想为指导，全面贯彻党的教育方针，坚持教育为社会主义现代化建设服务，为人民服务，与生产劳动和社会实践相结合，培养德智体美全面发展的社会主义建设者和接班人。教育活动开展的前提条件即必须在党中央的领导下，贯彻落实党的教育方针，坚持党性原则，实现教育活动的有效运行，为无产阶级教育事业贡献力量。为社会主义现代化建设服务。教育活动的最终目的是为社会主义现代化国家的建设培养现代化人才。思想政治教育管理活动的最终目的也是培养为社会主义建设服务的德智体美全面发展的人才队伍。

二、系统原理

思想政治教育管理是一个集思想政治教育与管理两者于一体的教育管理系统，在整个思想政治教育管理过程中，构成整体的每一个元素都不可分割、相互联系。在思想政治教育管理全过程中，为了使思想政治教育管理获得良好的效益，就必须有效及时地调整系统过程中每一个环节之间的合理配合，只有部分相得益彰，整体才能收获“1+1>2”的功效，因此，思想政治教育管理过程中也必须处理好部分与部分、部分与整体之间的矛盾关系。

“系统”一词最早见于古希腊语，释义为部分构成的整体，系统论这一学科思想的最初提出者是来自美籍奥地利的生物学家贝塔朗菲。系统论层次性、结构性、相关性、集合性等特征要求我们，把事物发展的过程看作一个部分组成整体的有机过程，这一过程是由元系统和不同的子系统相互集合构成的。以此推断，在指导运行整体活动过程中，一方面要树立全局观念、大局意识看待事物的客观发展；另一方面要时刻瞻顾构成整体中每一部分之间的相互关系，以及各个部分所处位置的关键。

因此，我们应将思想政治教育管理活动看作一个主体、客体有机互动的系统过程。秉持整体思想、核心意识，处理好思想政治教育管理中的整体与部分之间的协调关系，不能忽略整体，偏颇、抽象地看待思想政治教育管理活动中的部分，也不能做井底之蛙，漠视部分，狭隘、孤立地指导整体。

三、人本原理

《国家中长期教育改革和发展规划纲要（2010—2020年）》中提及教育发展要以“优先发展、育人为本、改革创新、促进公平、提高质量”的工作方针，推动教育事业运作，其中鲜明、扼要地将“育人为本”作为教育工作的根本要求。思想政治教育管理，教育管理的对象是人，服务的客体也是人，因此，在思想政治教育管理工作中，需要坚持“以人为本”的核心思想，以及运用科学的管理模式，先进的管理手段，维持思想政治教育管理长期有序进行。

管理学中的人本原理，是指人是管理系统的核心，管理活动应在对人的思想、感情和需要充分了解的基础上，充分发挥人的主动性、创造性和积极性。思想政治教育管理系统是由有意识的管理者（主体）和有意识的被管理者（客体）以及无意识的客体组成的。在这个系统中有意识的管理者和被管理者均是鲜活的人，而无意识的客体对象由多个元素有机构成，囊括人、财、物、时间、信息等，这说明人在思想政治教育管理系统中发挥着不可或缺的重要作用。既然整个思想政治教育管理系统基本上都是人在其中发挥决定、支配、协调、服从的功能，那么，对于思想政治教育管理所运用的管理手段、方式应是与“人”相生相属的柔性管理、民主管理、人才管理以及文化导向管理。

1. 柔性管理

所谓柔性管理，就是思想政治教育管理活动面对管理的主体是人、对象也是人的现实，在运行管理模式时，亟须注重人的重要性，结合“人”的特性，糅合情感，采取“以柔克刚”的软性管理方针，秉持“以人为本”的思想，服务大众。使管理高层、教师、学生、后勤等人员在教育管理系统中得到合理配置，使教职员工和学生人性得到最完美的发展是现代教育管理的核心，为教职工和学生的发展服务是教育管理的根本目的。树立“以人为本”的科学管理理念，坚持情感交流，增进思想政治教育管理中管理者与被管理者、教师与学生、教师与教师之间的融洽关系。激发客体的积极性和创造性，消除情感隔阂，营造和睦的管理氛围，实现过程的有效管理。

2. 民主管理

民主管理是现代企业管理必备的管理经验。思想政治教育管理中的民主管理原理即贯彻民主的思想于思想政治教育管理活动中，尽最大可能平等对待教育管理工作中的人、事、物等，以此达到思想政治教育管理工作的内部平衡。民主管理的基本形式是职代会，它与党代会、合理化建议活动构成了思想政治教育管理体系。思想政治教育管理中采用民主管理的科学管理方式，是实现大多数人参与、决策，满足众多人需要的长久运行机制。

3. 人才管理

韩愈《杂说》载有：“世有伯乐，然后有千里马。千里马常有，而伯乐不常有。”在思想政治教育管理系统中，最大的主力军是教师群体，想要提升高校核心竞争力，就必须具备专业化的人才队伍，而高素质的人才队伍就需要管理高层的精心挖掘。因此，首先，思想政治教育管理的管理者必须拥有专业、独到的眼光，去发现人才，培育人才，壮大人才后备队伍，使每个人的才干得到应有的发挥，才能有效地促进思想政治教育管理活动优质开展；其次，管理者还需以包容的心态去面对身边的一切事务，“海纳百川，有容乃大”，待他人包容，亦是对自己宽容。每个人都有自己的色彩，在人才队伍建设中，管理者应持以“赤子之心”，保持格调，优待每一位思想政治教育工作者，做到各有所长，人尽其用。

4. 文化导向管理

基于意识的能动作用，正确的意识对事物发展产生促进作用，相反，错误的意识对事物发展带来阻碍作用。结合思想政治教育管理活动的特殊性，第一，要求管理者与被管理者理应树立正确的意识导向，深化落实习近平新时代中国特色社会主义思想，提升思想觉悟，特别是从事教学队伍的教师群体，更应以身作则，恪尽职守，加强自身的思想防线建设，为教学工作保驾护航；第二，加深文化沉淀，夯实文学基础，无论是管理者，还是被管理者都应该重视文化，思想政治教育管理活动的载体是文化，教育管理活动的客体中有学生群体，学生是思想政治教育管理的对象，是文化塑造的接收者，教师作为文化的传播者，理应加强自身修炼，补牢文学底蕴，方能为人为学、言传身教；第三，丰富娱乐形式，增加娱乐方式，开展更多的闲暇活动，加强管理者与被管理者之间的人文交流，努力实现思想互通、情感沟通，使思想政治教育管理活动摆脱长期的枯燥乏味，才能使思想政治教育管理的管理者和被管理者关系融洽、达成共识，实现人尽其才，各尽其能。

四、动态原理

马克思主义发展观认为，世界上的一切事物都是在不断发展变化中运动的，思想政治教育管理的动态原理即思想政治教育管理者要明确管理的对象、目标都是在发展变化的，不能一成不变地看待它们，要根据教育内部和外部情况的变化，注重及时调节，保持充分的弹性，有效地实现动态管理。在思想政治教育管理工作运行中，应注意以下两个方面：关注政策，随“时”而变。国家关于教育的相关方针、政策不是一成不变的，都是随着时间的推移，不断适应时代、国情等调节。思想政治教育管理本就是一门时代性科学，必须适应时代的要求，顺应时代的发展，随时关注相关政策的发展变化，只有做到以不变应万变，教育事业才能走得更远。因“人”不同，制定不同的学校教育目标和管理目标。“年年岁岁花相似，岁岁年年人不同”，学校是一个集合体，教育对象都来源于五湖四海，来自不同的阶层，因此，思想政治教育管理的方针、目标应为教育管理对象量身定做，在保障学生权益的同时，也保障教育管理工作的有序进行。

五、效益原理

所谓效益原理，就是在某系统的管理中，注意讲求实效，为创造出更好、更多的系统效益和社会效益管理好系统的各个部位。也就是说，要通过各种管理活动，使投入的人力资源、物力资源、信息资源、时间资源等得到最充分、最有效的利用，从而产生最大的成果。

这一原理要求教育管理者首先要确立明确的管理效益观，使教育管理以提高效益为中心；其次，要提高工作效率，努力创造条件办好教育，为社会主义建设培养高质量的人才。为此，教育管理者要采用先进科学方法和手段，建立合理的管理机构和制度，明确管理人员的职、责、权、利，注意处理好局部效益与全局效益的关系，长期效益与短期效益的关系，始终把培养高质量的人才作为获得高效益的根本。

六、反馈原理

把思想政治教育管理视作知识传授的通道，整个信息的传播过程中，包括信息的传播者、信息传播介质以及信息接收者。要想知道思想政治教育管理的作用如何，那就必须对接受者反馈的信息，进行分析整理。

教师与学生间的师生关系、管理中上级与下级的关系、学生与学生的关系、教师与教师之间的几组关系构成了思想政治教育管理活动，其中最为活跃的当属教师与学生之间的教学活动。如何验证思想政治教育管理活动的有效，那就需要教学客体给予反馈；如何优化反馈效果，那就要求学高为师，德高为范。作为思想政治教育管理的客体，教师群体的精英知识分子，应加强自身修养，以身作则、树立典范，夯实理论基础，打好专业功底，时刻关心国家的政策，做好榜样。教师应与学生同战线，紧跟时代热点，时刻关注学生的兴趣爱好，随时转换教学模式，改变以往的枯燥教学，以趣味课堂博眼球，获得学生更多的关注，从而赢得好的反馈。

第四节　大学生思想政治教育管理的原则

大学生思想政治教育管理是思想政治教育的重要组成部分，管理的成效直接影响着大学生思想政治教育目的的实现。为了更好地对大学生思想政治教育这一活动进行管理来实现培育“四有”新人的目标，我们除了要了解并掌握大学生思想政治教育管理的本质、特点、原理以及规律外，还必须要深入地研究大学生思想政治教育管理的原则。所谓“原则”，主要是指说话或行事所依据的法则或标准，也指经过长期检验所整理出来的合理化现象。俗话说无规矩不成方圆，这里的“规矩”包含原则的意思，这句话揭示了做任何事情都要有规矩，懂规矩，守规矩。同样，对于原则我们也必须要遵守，遵照原则行动，事情就会顺利；违背原则行动，结果也就不言而喻。

马克思说我们人是社会中的人，我们总是生活在一定的社会关系中。在这样的社会中，要想处理好一系列的关系问题，我们必须要遵循一些原则。当然，在大学生思想政治教育管理这一具体实践中，也要遵循一些重要原则。大学生是实现中华民族伟大复兴中国梦的创造者、实践者、见证者和直接受益者，在不断提升他们科学文化素质的同时还要注重全面提高他们的思想政治素质，包括大学生思想政治教育管理工作的进展关系，大学生正确"世界观、人生观和价值观"的确立以及全面发展。要使思想政治教育管理取得良好的效果，并促进大学生思想政治教育的提高，就必须要遵循大学生思想政治教育管理的原则，它是管理思想政治教育活动所必须遵循的准则和基本要求。大学生思想政治教育管理原则主要包括哪些内容，通过研究发现，从思想政治教育本身和管理学方面思考主要有方向性原则、科学性原则、系统性原则、规范性原则、有效性原则等。

一、方向性原则

方向性原则是指大学生思想政治教育管理活动必须以国家的教育方针政策为依据，使我国大学生思想政治教育为建设富强民主文明和谐美丽的社会主义现代化国家服务。大学生思想政治教育管理活动遵循方向性原则要做到，第一，彻底坚持社会主义方向，也就是要在管理中认清活动的性质，必须按照社会主义性质去从事和开展大学生思想政治教育和管理工作，并坚持以马克思列宁主义、毛泽东思想、邓小平理论、"三个代表"重要思想、科学发展观和习近平新时代中国特色社会主义思想为指导。坚持社会主义方向还要继续坚持四项基本原则，四项基本原则是中国共产党的立国之本，是进行大学生思想政治教育管理活动的政治依据，也是检验大学生思想政治教育管理是否符合我国国家性质的试金石。第二，认真贯彻执行党的教育方针。只有坚持中国共产党的领导才能为实现教育强国提供政治保障。党的教育方针是大学生思想政治教育管理的重要指南，我们要积极主动适应教育改革，为社会主义建设培养“四有”新人，坚持教育为社会主义现代化建设服务的方针，以良好的管理来促进教育的发展，以教育的发展带动社会主义现代化强国的建设。第三，主动适应经济建设和社会发展的需要。我国目前是世界上最大的发展中国家，我国的社会主义仍然处于初级阶段，为了实现共产主义的终极目标，经济的蓬勃发展需要大量的高素质科技人才，只有通过教育才能满足人才培养的需求。教育作为一种上层建筑应当主动适应并且积极促进经济基础的发展，因而，与思想政治教育息息相关的思想政治教育管理活动也应当主动适应经济建设的需要。大学生思想政治教育管理活动还应注重社会主义核心价值观的培育和践行。思想政治教育管理要把社会主义核心价值观融入高校思想政治教育，使社会主义核心价值观转化为大学生的情感认同和行为习惯，培养能够担当民族复兴重任的新青年来满足社会发展的需要。

二、科学性原则

科学性原则指的是大学生思想政治教育管理活动要按照客观规律办事，并且要采用一系列新的管理理论，创新管理方法，使大学生思想政治教育管理符合科学的标准。大学生思想政治教育管理活动必须使管理规律符合思想政治教育规律并遵循这些规律，在运用这些办法和理论的同时，注重它们的科学性。贯彻这个原则要注意几点。第一，正确认识大学生思想政治教育和它的对象。大学生思想政治教育与意识形态的认识密切联系，在思想政治教育工作中，要具备一定的阶级性、政治性和意识形态性，在大学生思想政治教育管理活动中也应当体现相应的阶级属性。理论联系实际是思想政治教育的生命所在，促使大学生注重自我教育是思想政治教育的价值所在，在大学生思想政治教育管理中也应当注重大学生思想政治教育的实践性以及人的自我教育。大学生作为高校思想政治教育的主要对象，深入他们的心理世界，了解他们的需要，使教育者与其产生心理认同，才能使思想政治教育产生更好的效果，从而找到正确的大学生思想政治教育管理之路。第二，结合思想政治教育规律和新的管理理论。思想内容是复杂多变的，在思想政治教育中，不仅要尊重其多样化的规律而且要明确主导思想，坚持多样性与主导性相统一的规律，不断提高大学生的思想道德素质，帮助他们树立科学的正确的世界观、人生观和价值观。思想政治教育不仅属于意识形态领域，它还与社会实际紧密相关，把握好思想政治教育社会化的规律，就能够使思想政治教育的实践性和发展性得到提升。思想政治教育还应该注重人人教育，这样不仅可以扩大群众基础还能促进人与人之间的交际。从管理理论的创新来看，新的管理理论越来越注重人文关怀和心理疏导，更加注重双向互动以及效益的提高。只有按照思想政治教育的规律和新的管理理论进行大学生思想政治教育管理，才能进一步提升这一活动的成效和质量。第三，大学生思想政治教育管理还应顺应时代发展趋势和社会要求，任何与时代和社会脱节的行为活动注定会失败，只有坚持与时俱进，不断注入新的元素才能保持活力，永放光彩。

三、系统性原则

在大学生思想政治教育管理中坚持系统性原则，就是说要把思想政治教育作为一个完整的统一体进行管理，这是由思想政治教育过程自身的特点决定的，也是由思想政治教育内容自身的复杂性和不可分割性决定的。在管理活动中坚持这一原则是实现思想政治教育最终目的的需要。首先，要重视大学生思想政治教育系统内部因素的影响。大学生思想政治教育的内部因素主要包括高校思想政治教育工作者、大学生、高校思想政治教育目标、内容和方法等方面。高校思想政治教育工作者不仅是高校思想政治教育课堂的主导者，而且也是大学生思想政治教育管理的参与者，两个工作角色决定了他们在管理活动中有更直接的便利性，衔接好这两个角色有利于减轻管理工作深入的难度。大学生是最主要的管理对象，他们不仅能够反映思想政治教育的效果和管理的结果，也能在思想政治工作中和管理活动中发出反馈信号，以便管理者及时调整管理方法和策略。高校思想政治教育目标、内容和方法也是不可忽略的一部分，它们影响着大学生思想政治教育管理的内容、方法和目的。其次，要注意大学生思想政治教育系统外部因素的影响。从大的范围来看，国际国内环境因素对大学生思想政治教育的影响是不容忽视的。思想政治教育不仅是阶级政治的产物，更是属于时代的产物，在时代的大背景下，大学生思想政治教育要不断根据国际国内环境的变化来更新自己的教育内容，创新自己的教育方法。从小的范围来看，高校环境又是影响大学生思想政治教育管理的一大因素，良好的校园环境有利于大学生思想政治教育工作的展开，它会对实现思想政治教育目的产生推波助澜的作用。因此，高校管理者不仅应当注重用思想政治教育内部因素来加强大学生思想政治教育管理，还应当注重影响思想政治教育的重要外部环境。最后，管理者要理顺管理体系中的各部分关系。大学生思想政治教育管理体系中包括很多部分，这些部分都是不可分割、相互联系的，只有在理顺这些部分之间的关系的基础上，重视系统性，才能使各个部分相互配合，形成全体上下齐抓共管的管理格局，提高大学生思想政治教育管理的凝聚力、感召力和管理合力，从而更好地促进大学生思想政治教育事业的发展。

四、规范性原则

规范的意思包括按照既定标准、规范的要求进行操作，使某一行为或活动达到或超越规定的标准的意思。大学生思想政治教育管理贯彻规范性原则是指思想政治教育管理活动要依照国家制定的教育法律和一系列规章制度来指导和调节自己的管理行为，从而使思想政治教育管理活动规范化、制度化，以保证和促进思想政治教育事业的健康发展。第一，重视和加强教育立法和完善规章制度。要使行为规范，就必须要有完善的法律制度，加强教育立法和规章制度的完善刻不容缓。在我国，教育立法处于不断加强的阶段，但还存在一些涉及不深的领域，如对于思想政治教育管理这一领域的法律还未明确，迫切需要具有针对性的法律条文来指导，使管理做到有法可依。法律不可能触及方方面面，根据具体问题具体分析的矛盾解决方法，在法律的指引下，针对具体的管理工作，高校应当建立一套符合自身实际的完善的规章制度，明确责任，相互监督，共同遵守，使大学生思想政治教育管理活动更加精准规范，逐步做到依法治教。第二，加强法律制度的宣传教育。再完善的法律制度如果不被遵守或执行也只是一纸空文。在我国，公民的法律意识还不够高，大学生的法制观念有些淡薄，要想提高高校思想政治教育工作者和大学生的法律意识还必须要加强法制宣传教育。在高校这块文化大阵地，宣传法律的方式有很多，可通过线上线下相结合的办法来加强法制宣传教育。线上包括高校网站、微信公众号、微博等官方平台，这些平台要时常更新法制内容，扩大平台的影响力，提高高校师生的关注度。线下包括专门的法律课堂或思想政治教育的法律专题课堂、法律讲座、法律校报、专栏或活动等。通过这些方式使高校全体师生体验到全方位、宽领域、多层次的法制宣传教育，使法律制度深入人心，成为人人自觉遵守的信条。第三，规范领导者和管理者的行为。领导者和管理者在大学生思想政治教育管理中的作用是不容小觑的，他们决定着管理活动的组织方向和过程，影响着管理的最终效果。在领导和管理的过程中，他们应当成为落实规章制度的带头人，不仅要熟悉并执行学校的规章制服和管理制度，还要对其他师生的守法守则情况进行教导并监督，最重要的是自身要带头遵守规章制度，按制度办公办事，维护规章制度的权威性，发挥其示范或榜样作用。

五、有效性原则

遵守有效性原则就是大学生思想政治教育管理活动中要合理地组织和利用人、物和时间等资源，讲究实效，从而获得较高的效率和较好的效益，使思想政治教育管理创造出更多的经济效益与社会效益，为社会的发展做出贡献。在大学生思想政治教育管理活动中，必须要坚持这一原则才能在资源有限的高校产生较大的效益，为提高大学生思想政治素质，培养社会所需要的高素质人才服务。首先要做的是提高用人的效益。树立科学的用人理念是关键，高校组织部门要做到人尽其才，用其所长，避其所短。每个人都不是完美的个体，不能用苛责的眼光审视人才，要用历史的观点和辩证的观点看待人才，协调好集体内部关系，重视集体利益的同时还要做到对个人进行公平公正的评价和奖罚。把握好人才的黄金期，提高用人效益，才不会导致人才资源浪费现象的增多。因此，在管理活动中选拔干部时应当抓住最佳的用人时机，把人才用得恰如其时，安排到适合其各自发挥才干的岗位才能激发出他们最大的干劲，从而创造出更大的成就。其次要提高对教育财物的利用率。高校在教育运作过程中，必须要制订人才培养成本计划，根据本校的实际制定各种物的利用率指标，减少非教学开支，提高物的利用率，做到有计划性，有针对性。提高对物的教育资源的管理水平，管理者要遵循管理工作的原理和规律，严格按照管理程序进行科学管理，使物的教育资源在教育过程中充分发挥效能，还可以建立必要的考核、奖惩制度或通过提高管理人员的素质和水平来提高财物的利用率。再次要提高时间的利用率。掌控好时间也就是在把握机遇，在大学生思想政治教育管理中，只有在有限的时间内按照计划快速而准确地完成相应的任务和目标，才能使管理有效。提高时间的利用率，要预算时间，绝不拖延时间，把时间分配得越合理，管理的效率也就越高。最后还要针对学生的特点进行有效管理。大学生思想政治教育管理的对象主要是大学生，管理的目的是促进大学生思想政治素养的提高，管理有效的程度取决于大学生思想政治素养的变化。要使管理活动有效，就必须深入了解分析大学生自身的特点以及接受思想政治教育的状况，从而调整管理方式方法，使思想政治教育在大学生人才培养中发挥更大的作用，实现思想政治教育目的，完成教育任务。

第三章

大学生思想政治教育目标管理

目标是个人、部门或整个组织所期望的成果，要达到期望值，就需要对目标进行科学的管理。目标管理理论是由美国管理大师彼得·德鲁克在总结了泰勒科学管理理论和行为科学管理理论的基础上，首次在《管理的实践》中提出的。他指出，任何企业的使命和任务都必须转化为目标，企业的总目标及分目标是企业员工努力的方向，是凝聚所有参与者主动性、积极性的精神动力。对一个管理活动来说，它的过程越是复杂和系统，就越有必要采用目标管理的方法。大学生思想政治教育管理是一个复杂管理系统，因而，将目标管理应用于高校管理工作有利于准确把握其方向和任务。

第一节　大学生思想政治教育目标的导航定向

一、大学生思想政治教育目标的恢复与重建（1978—1989 年）

（一）贯彻十一届三中全会精神，对教育事业拨乱反正

党的十一届三中全会的召开是我国实行改革开放的历史性标志，也是大学生思想政治教育工作的新开端。这一时期随着中国共产党的“解放思想、实事求是”思想路线的重新确立，我国在思想领域上实现了拨乱反正，并由此展开了全方位的建设。在指导思想方面，党的十一届三中全会明确指出了新时期的任务，即要从“以阶级斗争为纲”的轨道转移到服从和服务于新时期经济建设这个中心上来。1981 年 6 月，党的十一届六中全会通过了《关于建国以来党的若干历史问题的决议》，它不仅标志着党在指导思想上的拨乱反正已经基本完成，也为大学生思想政治教育工作进行新的探索指明了方向。为贯彻该决议精神，同年 8 月全国学校思想政治教育工作会议召开，重点引导大学生在德、智、体等方面全面发展。这一时期大学生思想政治教育的另一重要内容和特点是，成为一门学科。总体来说，十一届三中全会以来的大学生思想政治教育工作所进行的几次改革，适应了社会的发展变化，为推进思想政治教育学科化和科学化奠定了基础。十一届三中全会使我国大学生解除了传统精神禁锢，但随着大量西方精神资源的渗入，大学生思想政治教育工作的环境、任务和内容都发生了很大的变化，这就迫切要求大

学生思想政治教育不断在培养目标、工作范围和方式方法上进行改革。

（二）端正大学生思想政治教育的发展方向，恢复大学生思想政治教育优良传统

党的十一届三中全会以来，党和国家采取了各种强有力的措施，大力推进改革，给教育事业带来了新的发展和繁荣，从而端正了大学生思想政治教育的发展方向。

第一，重新明确了大学生思想政治教育工作的目标和方向，开始培养全面发展的社会主义新人。

1985 年 8 月，中共中央正式发布《关于改革学校思想品德和政治理论课程教学的通知》，这是改革开放后，党中央发布的第一个全面部署学校思想品德和政治理论课程建设的文件。对马克思主义理论课程基本构架的说明中，明确提出了对大学生“进行以中国革命史为中心的历史教育”“进行马克思主义的基本理论教育”“有分析有比较地介绍当代其他各种社会思潮”和“进行中国社会主义建设和改革的理论、政策和实际知识的教育”的要求，突出了对大学生进行历史、理论和现实相结合的思想政治教育的重要思路。各高校认真贯彻党中央的精神，开始有目标、有计划、有方向地造就全面发展的社会主义建设者和接班人。

第二，不断拓展大学生思想政治教育的工作范围，积极加强对大学生的日常思想政治教育工作。

自党的十二届六中全会召开以来，高校以加强大学生形势政策教育为重点积极恢复和落实一系列符合社会发展要求和大学生成长成才需求的措施。1988 年国家教委颁布了《关于高等学校开设〈形势与政策〉课的实施意见》，明确指出高校在进行思想政治教育课程教学的过程中不仅要恢复传统的理论教育，更要把专业理论知识与大学生的日常思想

政治教育相联系，结合大学生的思想实际，有针对性地进行教学。

第三，进一步推动大学生思想政治教育工作进行方法转换，有效提升大学生思想政治教育的质量。

1987年中共中央下发的《中共中央关于改进和加强高等学校思想政治工作的决定》总结了中华人民共和国成立以来特别是党的十一届三中全会以来大学生思想政治工作的经验并指出，思想政治教育的内容、形式和方法也不适应新形势的要求……必须认真研究新时期的新情况和青年学生的特点，切实改进思想政治教育的内容、形式和工作方法，把思想政治工作提高到新的水平。

这是大学生思想政治教育改革必须遵循的方向。经过以上一系列改革，大学生思想政治教育工作的目标和方向得以重新确立，大学生思想政治教育的优良传统也得以恢复。应该说，经过这一时期的恢复和发展，大学生思想政治教育目标实现了新的转变，重新走上了健康发展的新道路。

（三）以“三个面向”为指针，首次提出培养“四有”新人目标

党的十二大提出了建设社会主义精神文明的战略方针，要求对广大人民进行爱国主义、社会主义和共产主义教育。与此同时，邓小平强调指出，教育要面向现代化、面向世界、面向未来；要培养有理想、有道德、有文化、有纪律的“四有”新人。

党的十二大提出要以共产主义思想为核心，以革命的理想、道德和纪律为重点进行社会主义精神文明建设。在此基础之上，邓小平提出“三个面向”、培养“四有新人”，标志着大学生思想政治教育目标的重新确立。

1985年8月，中共中央发出的《关于改革学校思想品德和政治理

论课程教学的通知》中，明确要求各级高校要“以面向现代化、面向世界、面向未来”为指导思想，对思想品德课和政治理论课的课程设置、教学内容、教学方法进行认真改革。“这已成为培养一代有理想、有道德、有文化、有纪律的建设人才的迫切任务之一。”

“三个面向”作为教育发展的目标导向指明了教育要向何处发展的问题。针对这一现实问题，我国的教育重新确立了正确的价值取向，进一步开拓了中国特色社会主义教育理论新的方向，体现了极为鲜明的超前性、时代性和开放性，为我国教育事业的进一步改革和发展开辟了极大的理论与实践空间。“四有”新人则回答了大学生思想政治教育目标的方向问题。总体来说，“四有”新人的提出经历了酝酿、过渡和定型三个发展过程。

20世纪70年代后期是“四有”新人培养目标的酝酿时期，这一阶段“四有”新人的某些要素开始体现出来。在1978年4月召开的全国教育工作会议上，邓小平说到人才培养目标时提出，学校要从小开始培养具有革命理想和共产主义精神的社会主义新人。正是通过这次讲话，邓小平全面概括了要把青少年培养成什么样的人。此外，在这次会议中，有理想、有道德、有文化、有纪律的内容是以单个要素的形式被提出来的，为“四有”新人的培养目标奠定了基础。

20世纪80年代初是邓小平最早提出“四有”的时期，也是“四有”新人培养目标的过渡时期。1980年5月，邓小平提出希望全国的小朋友，立志做有理想、有道德、有知识、有体力的人，立志为人民做贡献，为人类做贡献。这是关于“四有”新人的最早提法，虽然与最终的规范说法不同，但是是完整的。之后，邓小平又对“四有”新人的提法做了进一步延伸。1980年12月，他在一次讲话中说到要努力使青少年成为有理想、有道德、有知识、有体力的人……从小养成守纪律、讲礼貌、维护公共利益的良好习惯。在这次讲话中，理想、道德、文化和纪律四个要素首次被全面提出来。1982 年 5 月，中共中央宣传部、共青团中央在“全国文明礼貌月”活动总结会议纪要中提到，要使全国各族人民“都成为有理想、讲道德、有文化、守纪律的人”。在这个表述中，有理想、有道德、有文化和有纪律的内容都已被列入其中，且顺序也已经规范化，只是在表达形式上还没有最终形成“四有”。“四有”新人的最终提法第一次体现在邓小平《一靠理想二靠纪律才能团结起来》的讲话中，讲话强调要“教育人民做到有理想、有道德、有文化、有纪律”。至此，“四有”的规范性提出最终出现，在党的文献中固定下来。

二、大学生思想政治教育目标的改进与发展（1989—2002 年）

（一）适应改革发展要求建立大学生思想政治教育新格局

党中央不断探索大学生思想政治教育的新目标、新内容和新载体。各级教育部门及高校以中央精神为指导，积极采取措施，进一步加强和改进大学生思想政治教育工作。1993 年 2 月，国务院印发了《中国教育改革和发展纲要》，重新确立了教育事业的发展目标和战略方针。1994 年 8 月，中共中央下发了《关于进一步加强和改进学校德育工作的若干意见》。该意见以邓小平同志建设有中国特色社会主义理论为指导，明确了新形势下大学生思想政治教育工作的总任务、根本目标和指导理念，并针对思想政治教育的内容、方法等方面提出了一系列需要改进的意见。各级教育部门和高校从现实出发，结合本校的实际情况，全面规划思想政治教育工作，制订了具体的实施计划，把思想政治教育工作落到实处。

（二）实施大学生思想政治教育工作系统工程

以江泽民同志为核心的党中央领导集体在改革开放和发展社会主义市场经济的过程中，紧密联系新的时代特征，积极推进社会主义精神文明建设，创造性地发展了大学生思想政治教育的理论与实践工作。这一阶段，总结改革开放以来我国建设社会主义精神文明和大学生思想政治教育工作的经验教训，实施系统性的大学生思想政治教育模式开始成为大学生思想政治教育的重点内容。

第一，实施高等学校党委领导下的校长负责制。1989 年，中共中央第一次提出开始在高校体系内部确立“党委领导下的校长负责制”的领导体系。1996 年，中共中央颁布了《中国共产党普通高等学校基层组织工作条例》，该条例明确规定了高校“党委领导下的校长负责制”的具体内容，同意校长按照《中华人民共和国教育法》的规定相对独立并积极地进行工作，以确保高校行政工作、教育工作和管理工作等内容的顺利完成。“党委领导下的校长负责制”的实施有效地推动了大学生思想政治教育工作的质量和效果。事实证明，“党委领导下的校长负责制”推动大学生思想政治教育走上了系统建设、全面发展和稳步前进的道路。

第二，积极推进大学生思想政治教育制度化建设。1993 年，中共中央开始提出要把教育放在重要的战略位置。1995 年，国家教委制定颁布了《中国普通高等学校德育大纲（试行）》，这是我国第一部具有系统性、全面性、规范性的大学生思想政治教育的重要工作文件。该大纲对大学生思想政治教育的工作目标、内容、方法、途径载体等具体内容进行了整体的规划和指导。1999 年，中共中央、国务院下发的《关于深化教育改革全面推进素质教育的决定》指出，各级各类学校必须……按照德育总体目标和学生成长规律，确定不同学龄阶段的德育内容和要求，在培养学生的思想品德和行为规范方面，要形成一定的目标递进层次。这一系列文件的制定落实，促进了大学生思想政治教育目标制度化和规范化的进程。

第三，积极深化“两课”教学改革。随着中国特色社会主义理论问题研究的不断深入和实践工作的不断推入，1995 年 7 月，第五次全国高校党的建设工作会议在北京举行，这次会议明确了高校马克思主义理论教育改革的目标和任务，特别是明确了把建设中国特色社会主义理论编成教材、进入课堂的要求，对高校“两课”教学改革起了重大的推动作用。1995 年 10 月，国家教委印发了《关于高校马克思主义理论课和思想品德课教学改革的若干意见》，该意见阐明了“两课”教学的重要意义，论述了教学改革的迫切性和重要性，指出了教学改革的主要目标，同时，还对“两课”教学的方法改革、科学研究、师资建设提出了相应要求。1998 年 6 月，中央宣传部、教育部印发了《关于普通高等学校“两课”课程设置的规定及其实施工作的意见》，其中突出了邓小平理论在教学内容体系中的中心地位，要求大力推进邓小平理论“进教材、进课堂、进学生头脑”的工作，积极采取措施抓教材建设、师资队伍建设和教学方法改革，显著成效。“两课”教学改革进一步深化了马克思主义中国化的理论研究成果“三进”，坚定了大学生的中国特色社会主义共同理想。

（三）以“四个统一”“五点希望”进一步发展“四有”新人培养目标

十三届四中全会以来，党中央在推进和发展社会主义市场经济的形势下，进一步强调和发展了“四有”新人的培养目标，不断总结新时期大学生思想政治教育工作的经验，用“四个统一”和“五点希望”完善并发展了培养“四有”新人的思想政治教育目标。

江泽民同志从建设社会主义精神文明的战略高度进一步发展了“四有”新人的目标模式。他在党的十五大报告中提到，要培养“有理想、有道德、有文化、有纪律的公民”才能不断适应社会进步、经济发展和社会主义现代化建设的需求。同时，江泽民同志又进一步提出“四有”新人也应该是我国教育事业的培养目标，学校要努力把学生培养成为有理想、有道德、有文化、有纪律的社会主义事业建设者和接班人。

但无论从哪个角度来说，“四有”新人的本质和核心都是思想政治教育的目标。因为“四有”新人的四部分内容的核心问题都涉及培养人们的思想道德和政治素养，都离不开思想政治教育工作的支持。因此，江泽民同志明确提出要把培养“四有”新人作为思想政治教育的培养目标。

1993年11月，江泽民同志又一次提出要加强思想政治工作，培养有理想、有道德、有文化、有纪律的新人。党中央领导集体在继承和发扬“四有”新人的基础上，着眼新时期大学生思想政治教育工作面临的新情况和新问题，对青年学生提出了“四个统一”“五点希望”的要求，进一步继承并发展了大学生思想政治教育目标的内涵。

1998年，江泽民同志提出要“坚持学习科学文化与加强思想修养的统一，坚持学习书本知识与投身社会实践的统一，坚持实现自身价值与服务祖国人民的统一，坚持树立远大理想与进行艰苦奋斗的统一”。这为大学生思想政治教育工作指明了方向和任务。2001 年，江泽民同志进一步指出：“希望大学生成为理想远大、热爱祖国的人，成为追求真理、勇于创新的人，成为德才兼备、全面发展的人，成为视野开阔、胸怀宽广的人，成为知行统一、脚踏实地的人。”“五点希望”进一步丰富和发展了大学生思想政治教育的培养目标，进一步指出了大学生在人生道路上应该努力的方向，从复兴中华民族的高度赋予大学生思想政治教育目标以时代特征。

三、大学生思想政治教育目标的开拓与创新（2002—2012）

（一）弘扬“育人为本，德育为先”主旋律，推进大学生全面发展

党的十六大以来，党的领导集体站在全面建设小康社会的高度，站在保证社会主义建设事业兴旺发达的高度，站在确保党的事业后继有人的高度，提出了一系列关于高校思想政治工作的培养目标、具体内容、方法途径的新观点和新论断，丰富和发扬了毛泽东、邓小平、江泽民等同志的思想理论，为进一步加强和改进大学生思想政治教育工作提供了重要指导。一方面，面对新时期我国社会主义建设事业的发展要求和大学生成长成才需求，党中央在总结大学生思想政治教育工作经验的基础上，结合新时期大学生思想行为的基本特点，科学提出了高校教育要坚持“育人为本，德育为先”的教育理念，合理设置大学生思想政治教育目标方向；另一方面，党中央领导集体针对大学生思想政治教育培养目标的问题，提出了“培养什么人，怎样培养人”的科学命题。“育人为本、德育为先”的培养理念将造就“有德之才”作为大学生思想政

治教育工作的全部出发点和落脚点。所以，“育人为本、德育为先”不仅科学把握了大学生思想政治教育发展的主旋律，更鲜明地指出了大学生思想政治教育在目标和任务上的前进方向。

（二）加强思想政治教育学科队伍建设，解决培养目标面临的新问题

党的十六大以来，社会主义现代化建设事业进入了一个新的发展时期。大学生思想政治教育表现出一系列新的特征。党中央，始终把加强和改进建设中国特色社会主义事业的思想政治教育工作放在首位，促进大学生的全面发展。关注“以人为本”，促进大学生思想政治教育工作在整体中重点突破，在改革中创新发展，取得了一系列成效。

第一，调整增设马克思主义理论一级学科及其所属二级学科。2005年，《中共中央宣传部 教育部关于进一步加强和改进高等学校思想政治理论课的意见》指出：设立马克思主义一级学科，开展马克思主义理论体系研究，为加强高校思想政治理论课建设，培养思想政治教育工作队伍提供有力的学科支撑。该意见对加强高校思想政治理论研究，进一步明确思想政治学科定位起到了重要作用。

第二，加强大学生思想政治教育队伍建设。党的十六大以来，党中央高度关注大学生思想政治教育队伍的质量，通过一系列途径和方法，显著提高了大学生思想政治教育队伍的建设。教育部于2007年首次设立了21家教育部高校辅导员培训和研修基地，这些基地在培养素质高、能力强、结构稳的大学生思想政治教育工作队伍中发挥了重要作用。同时，从2006年开始，中宣部、教育部联合举办全国高校思想政治理论课骨干教师研修班，有目的、有计划地分期培训思想理论骨干，着力培养青年学术带头人，尽可能提高思想政治教育工作队伍的学历层次，把辅导员队伍建设作为一项重要工作来抓。

（三）以“四个新一代”和“三点希望”全方位发展“四有”新人培养目标

2004年，中共中央、国务院发出的“16号文件”要求高校思想政治工作要“以理想信念教育为核心，以爱国主义教育为重点，以思想道德建设为基础，以大学生全面发展为目标……培养德智体美全面发展的社会主义合格建设者和可靠接班人”。文件从思想素质、道德品质、心理健康和理想信念等多方面继承和发展了已有的大学生思想政治教育目标内容。胡锦涛同志在2007年“五四”青年节勉励广大团员青年要将英雄模范作为自身的榜样，能够肩负起党中央和广大人民的重任，能够担负起社会主义建设事业给予当代大学生的重大责任，即要“努力成为理想远大、信念坚定的新一代，品德高尚、意志顽强的新一代，视野开阔、知识丰富的新一代，开拓进取、艰苦创业的新一代”，这是从加快社会主义建设事业的步伐和全面推进建设小康社会进程的角度提出的大学生思想政治教育目标，鼓励青年学生在实现中华民族伟大复兴的光辉事业中实现人生的美好理想。“理想远大、信念坚定”从人生观、价值观的角度对大学生思想政治教育目标给予定位；“品德高尚、意志顽强”从道德修养和意志品质的角度对大学生思想政治教育目标给予定位；“视野开阔、知识丰富”从学识角度对大学生思想政治教育目标给予定位；“开拓进取、艰苦创业”从实践技能和精神面貌角度对大学生思想政治教育目标给予定位。胡锦涛同志在2011年指出：第一，希望同学们把文化知识学习和思想道德修养紧密结合起来；第二，希望同学们把创新思维和社会实践紧密结合起来；第三，希望同学们把全面发展和个性发展紧密结合起来，全面推进大学生思想政治教育工作。胡锦涛提出的“四个新一代”和“三点希望”，不仅是对“四有”新人的丰富和发展，更为当代青年的成长成才、大学生今后的成长发展和人生规划提供了目标和道路，体现了党中央对培养和造就社会主义现代化人才工作的高度重视，体现了全社会对青年学子的殷切希望，传达着全国各族人民对青年一代的重托，成为新时期指导大学生思想政治工作的重要指针。

四、大学生思想政治教育目标进入新时代（2013 年至今）

党的十八大以来，习近平总书记根据当前思想政治教育的实际情况，结合大学生的特点，在总结党的思想政治教育理论和实践的基础上，提出大学生思想政治教育的目标要与时俱进、贴近现实、服务国家、提升质量，为国家社会发展和大学生成长成才指明方向。

1. 实现中国梦的远大目标

习近平总书记 2012 年 11 月 29 日在参观《复兴之路》展览时的讲话中提出实现中华民族伟大复兴的中国梦。这一思想指导，要求大学生思想政治教育要顺应国家发展战略需要，培养大学生的历史责任感和爱国主义精神，使大学生明确自身的历史使命，把国家、民族和个人的命运结合起来，树立远大理想，勇挑历史重担。

习近平总书记指出青年最富有朝气、最富有梦想。大学生在青年群体中是最活跃、最富朝气的。大学生思想政治教育要充分挖掘和发挥大学生的潜力，通过理论创新和实践创新，为大学生营造良好的成长氛围，搭建广阔的成才平台。

在大学生思想政治教育中，要重视大学生的梦想教育，把帮助大学生树立远大理想作为思想政治教育的重要任务。通过总结当代大学生的特点和成长规律，根据大学生的需要，结合中国梦思想，最大限度地发挥大学生的创造力和才智。

习近平总书记指出，中国梦是我们的，更是你们青年一代的。中华民族伟大复兴终将在广大青年的接力奋斗中变为现实。大学生梦想教育是中国梦实现的前提，在此基础上，要对大学生展开爱国主义和责任感教育，大学生思想政治教育要把爱国主义教育和责任感教育作为重要内容。

大学生只有热爱国家、热爱中国共产党，才能为中华民族的伟大复兴贡献力量。要把革命年代、建设年代青年在振兴中华中所起的作用融入大学生思想政治教育的全过程，让大学生在史实中感受爱国主义热情，激发他们热爱祖国、热爱中国共产党的强烈情感。青年兴则国家兴，青年强则国家强，大学生是国家的未来，大学生也是民族的希望。大学生思想政治教育要深入学生内心，把大学生所需所想与国家发展需要结合起来，在赢得大学生内心的前提下，开展责任感教育，让大学生一方面增强自身对科学文化知识的学习，另一方面增强对国家、对民族的责任感，勇于承担历史赋予大学生实现中国梦的重任。

2. 与时俱进，结合新时代提出“五点希望”的具体目标

2013 年 5 月 4 日，习近平总书记在题为“在实现中国梦的生动实践中放飞青春梦想，在为人民利益的不懈奋斗中书写人生华章”的讲话中，明确提出了“五点希望”的具体目标，为大学生的成长成才指明了前进的方向。

他希望广大青年学生一定要坚定理想信念、练就过硬本领、勇于创新创造、矢志艰苦奋斗、锤炼高尚品格。这是对毛泽东的“三好学生”、邓小平的“四有新人”、江泽民的“四个统一”目标和胡锦涛的“四个新一代”目标的继承和发展，为大学生思想政治教育进一步明确了方向。

“坚定理想信念”有利于大学生树立正确的理想信念。树立坚定的

理想信念既是指引人生方向、事业成功的基础，也是衡量大学生坚持用科学的理论武装头脑、坚持对中国共产党领导的信念和坚持中国特色社会主义的重要标准。坚定的理想信念可以让大学生承担起实现中华民族伟大复兴的重任，也可以让大学生把自我成才与国家、民族的命运紧密结合起来。大学生思想政治教育要坚持用马克思主义和中国特色社会主义理论武装大学生的头脑，帮助大学生树立坚定的理想信念。

“练就过硬本领”有利于培养具备世界视野和过硬知识的高素质大学生。广大青年要坚持面向现代化、面向世界、面向未来，增强知识更新的紧迫感，如饥似渴地学习，既扎实打牢知识基础又及时更新知识，既刻苦钻研理论又积极掌握技能，不断提高与时代发展和事业要求相适应的素质和能力。

“勇于创新创造”有利于大学生继承和发扬中华民族勇于创新的优秀品质，进一步提升自身素质。在中国改革开放的新阶段，需要培养大学生“苟日新，日日新，又日新”的精神和敢为人先的锐气，要勇于站在改革开放的最前沿、站在自主创新的最前沿，在信息技术发展日益迅速的时代，用大学生的创新勇气和创造能力，把中国带入一个新的历史发展阶段。

“矢志艰苦奋斗”有利于大学生发扬中华民族的优良传统，培养艰苦朴素的优良习惯。大学生要牢记“空谈误国，实干兴邦”，从自身做起，从小事做起，勇于到国家发展需要的最前线，努力在艰苦环境中锻炼自我，增长才干。

“锤炼高尚品格”有利于大学生树立正确的世界观、人生观和价值观。高尚的品格是大学生成长成才的基石，大学生要通过认知、学习、内化、实践等途径，加强思想道德修养，树立和培育社会主义核心价值观，锤炼高尚品格，倡导良好的社会风气。

第二节　大学生思想政治教育目标管理的原则

原则是对行动方式的规定，阐明为了实现既定目标需要采取的一系列的行动和方法。大学生思想政治教育目标管理在实施过程中只有遵循下列原则才能使管理成果更加科学和有效。

一、认识统一原则

大学生思想政治教育目标管理在制定目标时要充分体现思想政治教育的整体发展要求：在组织上，部门目标、个人目标一定要和学校的整体发展目标相一致；在内容上，各个阶段的短期目标一定要和长期目标相一致，各专项目标一定要和促进学生全面发展的总目标相一致。同时，大学生思想政治教育目标管理的认识统一原则要求从上级的各级领导到广大基层成员对本校的总目标要有一个高度统一的认识、统一的行动，将其转化为具体的目标和行为准则，目的是令全校师生有一个共同的精神动力和奋斗方向。精神有巨大的指引力量，这种指引作用能构造出一种相应机制，转化为预期的行为，进而使全校上下级间构建出一种和谐而稳定的精神状态。

二、以人为本原则

在大学生思想政治教育目标管理活动中，人作为最活跃的因素，其积极性的发挥程度直接影响到思想政治教育管理目标的实现。一方面，目标的制定、实施、分解和评估都离不开人的参与，人是万物之灵，是思想政治教育管理的出发点和落脚点，促进人的发展理应成为思想政治教育目标管理的终极目标和追求。高校校长既是教育家又是学校的管理者，要统揽全局，协调各方的关系；教师是高校重要的人力资源，同时还是高校教学质量的保障，尤其是思想政治教育工作者更是有着不可替代的指引和熏陶作用，促进这些人的发展也应该成为大学生思想政治教育目标管理的目的。当然，以人为本原则最集中地体现在以学生为本、以学生为中心上，要在关心学生、尊重学生的前提下促进学生的进步和发展。另一方面，以人为本是科学发展观的核心，是其基本的价值取向。大学生思想政治教育是个体性与创造性都很强的教育，根本要义既要尊重学生的权利，又必须满足学生的需要，用人的方式去尊重人、理解人、培养人和关心人，将服务学生成长作为出发点和归宿，做到“一切为了学生、为了一切学生、为了学生的一切”，使学生真正成为目标管理的主体，引导学生，教育学生，依靠学生，促进学生道德修养、价值观及科学文化素质等方面的进步和发展。

三、目标兼顾原则

制定高校的思想政治教育目标要做到以下两个兼顾，不能顾此失彼。

第一，兼顾目标的系统性和针对性。思想政治教育目标管理需要遵循目标的系统性和针对性，亦即既要将其作为高校管理的有机系统，又要将它看作某一部门的重要组成部分。设计思想政治教育目标体系，在考虑到国家教育方针和教育法规的同时，还要兼顾各个层次的学生的思想道德状况，学生的思想觉悟、道德水平参差不齐，不能一刀切，既要制定系统性的，大多数院系和学生都能够达到的总目标，也要有具体要求差异性的分目标。从学校、院系、班级到个人都应有各自的目标，每级的目标要求既有方向上的系统性，又有落实上的针对性和具体性。思想政治教育目标管理是一项系统工程，过程复杂，需要用全局的、系统的观念和方法对管理对象、管理过程进行认定和分析，同时也要根据大学生思想认识、政治觉悟、价值信念等方面的具体情况，采取个案教育法，有的放矢、因人而异地开展思想政治教育。

第二，兼顾目标的现实性和前瞻性。现实性和前瞻性要求目标既不能脱离学校、学生的实际情况，又要略高于学校和学生的实际，即要求尊重现实并高于现实。具体来说，就是要求无论是学校思想政治教育的总目标还是各部门的分目标，抑或是个人的具体奋斗目标，都须从学校现阶段的发展情况、院系的实际情况及个人的思想道德现状出发，注重解决大学生现有的思想问题，同时把目标高度控制在部门和个人的能力范围之内，这样才不会令参与人员产生畏惧感；目标亦不可唾手可得，太低的目标没有挑战性，没有吸引力，对学生不能够起到激励的作用。

四、有效监控原则

有效监控原则是评估和反馈环节的基础。目标评估是对实施目标的组织、个人所实现的目标程度的衡量，同时也是对目标成果的评价，遵循有效监控原则能够保证目标评估的正确性和科学性。

有效监控原则是整个目标管理系统顺利进行的必要条件。大学生思想政治教育目标管理遵循有效监控原则，就是要求通过监督控制等方法促进目标管理发挥积极作用，沿着正确的方向执行下去。监控贯穿于高校目标管理的整个过程，有了监控才能够了解目标实施的情况，掌握各级人员思想道德状况，及时发现问题，解决问题，从而极大地促进目标管理系统的良性循环。

第三节 大学生思想政治教育目标的分解

分目标是总目标的细化和分解，总目标具有普遍意义，但不具有较强的针对性，为了更好地实现总目标，要求对总目标进行逐级分解，细化到学校各职能部门、各院系、教研室和学生个人。具体来说，学校党委和各级领导依据德育大纲的要求，结合本校的实际情况及学生的需要，在设计分目标时，参照学生总体的思想道德水平和结构，依据学生的思想觉悟的水平和层次，根据学生思想政治教育水平的发展规律和特点，在与总目标一致的情况下来设计分目标。根据总目标的内容，大致可以分出以下几个方面的分目标：引导大学生树立正确的“三观”；进行理想信念及思想道德品质教育；进行以爱国主义为核心的民族精神和以改革创新为核心的时代精神教育；进行形势与政策的教育；进行职业生涯规划教育及心理健康教育等，从而把当代大学生培养成为优秀的人才，成为德智体美全面发展的社会主义事业合格的建设者和接班人。

一、理想信念和“三观”教育

所谓理想信念教育，就是增强大学生社会主义、共产主义的坚定信仰、思想，培养具有共产主义觉悟的先进知识分子。所谓“三观”，就是马克思主义的世界观、人生观和价值观，而“三观”教育就是要用马克思主义中国化的理论成果（马克思主义、毛泽东思想、邓小平理论和“三个代表”重要思想及科学发展观等）武装当代大学生的头脑，帮助他们树立正确的世界观、人生观和价值观，形成科学地看待世界和他人的思想观念。

二、爱国主义精神教育

爱国主义精神教育是政治教育的一个方面，邓小平同志曾经说过学校应该永远把坚定正确的政治方向放在第一位。思想政治教育应把爱国主义放在首位，最根本的东西就是爱国主义思想教育。思想政治教育是具有强阶级性和政治性的教育，爱国主义教育就是要使大学生充分认识到爱国主义与社会主义甚至是共产主义的一致性，明确发展中国特色社会主义是新时期爱国主义的主题。

三、公民基本道德规范教育

公民是社会的细胞，是国家的重要组成元素，大学生作为受过良好教育的公民，其不仅仅是国家形象的代表，同时在一定程度上能够决定一个社会的稳定、繁荣和发展。因此，对这部分公民进行基本道德规范教育，提高他们的思想道德水平和觉悟，有利于为国家培养新一代的“四有”新人，从而为社会主义输送品格更为高尚的建设者和接班人。

四、学生综合素质教育

提高学生的综合素质，包括大学生的马克思主义理论素质、三观教育、道德素质教育、心理健康教育、法纪教育、专业知识技能教育等，就是要提高大学生的马克思主义理论素养，坚定共产主义理想信念，树立科学的三观；对学生进行个人品德、家庭美德、社会公德、环境道德教育，培养他们高尚的道德情操和良好的道德行为；通过心理健康方面的知识性教育、咨询性教育，培养学生具备良好的心理素质，形成乐观向上、不畏艰难、兴趣高雅、意志坚强的健全人格；培养学生自觉遵守法律法规、校纪校规、大学生行为守则等，做一个遵纪守法的好学生。对学生进行所有这些品质的教育，是为了促进他们的自由全面发展。总目标与分目标的关系见图 3-1。

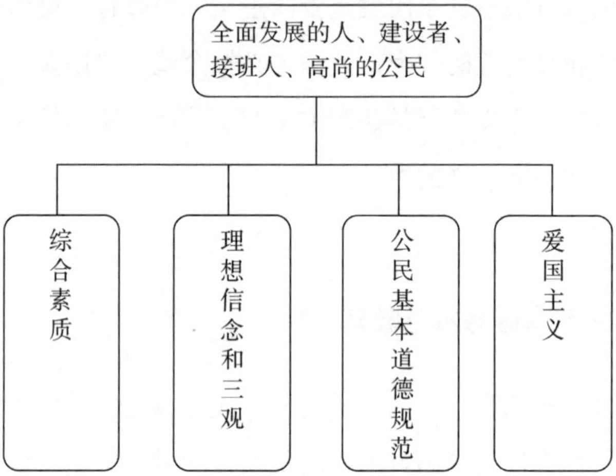

图 3-1　总目标与分目标的关系

上面的图 3-1 中，“全面发展的人、建设者、接班人、高尚的公民”是大学生思想政治教育的总目标，总目标又可以划分为“综合素质、理想信念和三观、公民基本道德规范、爱国主义”四个分目标。这四个方面的内容是相互联系、缺一不可的，它们共同组成了大学生思想政治教育的总目标。

第四节 大学生思想政治教育的目标责任制

当前的思想政治教育管理体制为高校的各项管理任务提供了可供参考的模板，同时也规定了高校管理的总体原则，但与时俱进、实事求是是马克思主义的精髓，人们的实践活动只有适应时代发展的要求，遵循事物发展的客观规律，才会具有创造力和生命力。大学生思想政治教育管理体制也必须在实践中不断地创新和发展，才能保证管理工作的实效性和科学化。

一、建立完善的思想政治教育目标管理的领导机制

领导是一种工作，领导者正确而有效的领导决策和领导行为在很大的程度上决定了一个组织的工作效率和发展水平。高校一切管理活动的进行都离不开管理者的参与。大学生思想政治教育管理组织复杂，事务繁多，领导一人包揽不利于管理工作的顺利、高速进行，而目标管理的一个重要特点之一是自我控制和管理，因而，推行目标管理，促使权力下放，能够将领导者从琐碎的事务中解放出来，转而专注于学校的宏观发展的思考和决策。

如此一来，大学生思想政治教育管理工作首先要做到科学授权，合理分工。所谓分工，就是要做好领导班子各成员及教师之间职、权、责的分配；所谓授权，就是指管理者对班子各成员和教师授予部分权力与责任，形成一个从上到下，从下到上，层层有目标，层层有人管，总目标指引分目标，分目标服务于总目标实施的一个全面的学生成长的目标

管理体系。如教务处将学生思想政治教育的培养分派给各年级的教师等，这在保证了各级各层次目标落实的同时，也有助于发挥各职能部门、各教学院系和每个学生的积极作用，从而有效发挥目标管理的统领和指引作用，形成一个整体的合力，真正产生“1+1>2”的整合效应。

其次是建立和完善学校党委统一领导、党政工团齐抓共管的领导机制，由党委书记、副书记、副校长和相关职能部门的负责人组成负责统领师生的思想政治教育工作。学生思想政治教育职能部门执行机构可由学工处及团委等负责，各部门、院系可由副院长负责本院学生思想政治工作的计划、组织以及实施。健全的领导机制是大学生思想政治教育目标管理能够顺利进行的重要保证。健全领导机制，最重要的是完善责任机制。明确党政领导的责任，高校党委要统一领导，党政工要齐抓共管，党委书记、校长要亲自抓，对大学生德智体美全面发展负责，把学生思想政治教育的目标任务逐级分解到党委的组织、宣传及学生工作部门，分解落实到各院系、教研室等部门，分解落实到团委、学生会、班级、社团等组织，要求各部门认真履行职责，做到全员育人、全方位育人和全过程育人。育人机制中，最重要的应该是全方位育人。有的高校领导过多地将工作重点放在了完善学校功能和学科建设等方面，忽视了对学生道德教育的培养，高校应转移工作重点，加强对学生的管理，严格规范大学生的学习、生活等行为，各级领导监督他们自觉遵守学校的规章制度、自觉遵守社会公德，在潜移默化中形成良好的行为方式和行为习惯。

二、建立完善的思想政治教育目标管理的激励机制

建立激励机制是为了增强大学生思想政治教育目标管理的实效性，

同时，建立激励机制又是中国共产党思想政治工作的优良传统。目标管理离不开激励机制，完善思想政治教育管理的激励机制，激发教师、学生参与的积极性和主动性，首先应保证的是激励方向要与院系的分目标和学生个人的目标方向一致，即所谓正激励。正激励能够从正面直接给学生以物质上、精神上的鼓励，这种鼓励可以有助于分目标和学校总目标的实现。

其次，激励要体现公正性。美国心理学家斯塔希·亚当斯（J. Stacy Adams）的公平理论认为，在一定的环境中人们总是将自己"所做出的贡献和所获得的报酬之比与自己相关的人所做出的贡献和所获得的报酬之比相比较，来判断报酬的分配是否公平"。学生也不例外，因而思想政治教育管理者对待学生需做到不偏不倚、一视同仁。对于学生的进步，哪怕是小的进步，也要给予适当的鼓励，尤其是那些胆小、不够自信的学生，别人的肯定能够给他很大的勇气和信心。

最后，激励应该具有针对性，从而提高学生的积极性和主动性。大学生思想政治教育管理目标的有效实现，离不开高校各级管理者、院系教师和学生的积极参与。美国心理学家赫茨伯格（F. Herzberg）提出了"双因素理论"——认为引起人们工作动机的因素有保健因素和激励因素，该理论并不仅仅是把眼光局限在提高职工的工资水平、改善职工的工作条件等方面，还提出激励人的积极性，更重要的是为职工提供使他们感到有挑战性、能实现自己价值的工作。就大学生思想政治教育目标管理来说，激励的针对性要求目标本身能够体现学生的实际思想道德状况，同时，目标要有一定的高度和难度，过低的目标激不起学生的兴趣。

三、建立完善的思想政治教育目标管理的考核评价机制

为了激发学校各级组织的积极性、创造性和成就感，在大学生思想政治教育目标管理中，可以采用考核的方式。建立完善的目标监督考核机制对大学生思想政治教育目标管理的实现至关重要。部分学校实施每周一计划总结、每月一检查、每季一调度和每年一监督考核的制度，真正地做到了有条不紊、细致周到，及时发现工作中存在的漏洞，及时总结成功经验。

对思想政治教育目标管理的效果进行考核和评价是一项难度很大的系统工程：从思想政治教育质的层面上来说，考核和评价涉及的是对思想政治教育目标管理效果的价值判断。而思想政治教育目标管理的效果体现为大学生政治素质、思想品德及价值观念等方面的改变和提高。很显然，对这些难以量化的效果的考核和评价是比较难以完成的，这时就要考虑采用定性分析的方法，用“好”与“差”来进行评价，当然也可以通过调查、谈话、侧面了解等方式进行评价和考核。学校党委和各级领导在进行构建思想政治教育目标管理考核和评价制度时，必须针对大学生当下的思想状况，“依据高校学生思想政治教育发展的规律及特点来制定”可量化的预期目标、过程监督、结果评价和情况反馈等环节，建立科学的、相对客观的指标体系。

考核评价的依据和原则最好采用纵向评价为主，并辅以横向评价。所谓纵向评价指的是基于时间的比较，即学生现在较之以前的进步和发展的评价；横向评价主要是同期的比较，即在实施目标管理的相同情况下，评价某一位学生与其他同学的差异所在。评价考核体系的设计应采用定性和定量相结合的方法，对效果的评价不能只是停留在“好”或

“不好”的定性论断上，要有理有据地指出“好在哪里”“好到什么程度”，“不足在何处”“差多少能够达到好”；评价和考核工作的方法不能只运用社会科学的方法，多借用自然科学的先进技术和最新成果，运用统计、测量和评估等方法对思想政治教育目标管理的实施情况做出客观、全面的价值判断是很有必要的。

第四章

大学生思想政治教育组织管理

大学生思想政治教育的组织管理是关系到教育成败的重要一环，是和教育实践密切联系的一环，也是一个系统的整体，包括大学生思想政治教育的领导体制、工作机制、机构建设和保障条件等内容。通过有效的组织管理，可以实现大学生思想政治教育的常态化、规范化、有序化。

第一节　大学生思想政治教育领导体制

高校思想政治教育领导管理体制是影响思想政治教育实效性的关键因素。我国高校现有的管理制度是以党委领导下的校长负责制为主要特征的领导体制，思想政治教育作为高校的基本教育内容之一，也是由党委统一领导。但是大学生思想政治教育领导体制的形成并不是一蹴而就，一成不变的，而是经过长期的探索。

一、大学生思想政治教育领导体制的演变

改革开放之后，大学生思想政治教育工作逐步加强。1980 年，教育部、共青团中央《关于加强高等学校学生思想政治工作的意见》中指出，学校党委要加强对学生思想政治工作的领导，把它列入党委的重要议事日程。校系两级都要有一名副书记主管学生的思想政治工作；校党委可以根据具体情况，设立学生政治思想工作的机构，如学生工作部或青年工作部。要把行政、共青团、学生会、工会、教师各方面的力量统一组织起来，共同做好工作。加强学生的思想政治工作，关键是坚持和改善党的领导，提高党的战斗力，发挥党组织的战斗堡垒作用和党员的先锋模范作用。该文件对于高校思想政治教育领导管理体制的确定与完善具有重要意义。特别是关于学校党委和学院党委层面分别设立主管学生思想政治教育工作的党委副书记的规定一直延续至今，成为确保学生思想政治教育工作在高校各项工作中占据一席之地的重要组织保证。

改革开放初期，教育改革一直是邓小平同志高度关注的问题。当时，我国的经济改革大潮已经由农村拓展到城市，党的十二届三中全会制定了《中共中央关于经济体制改革的决定》，以推进我国经济体制改革的深入发展。在邓小平同志“科学技术是第一生产力”的思想指导下，《中共中央关于科技体制改革的决定》随后公布。在谈到这两个决定的贯彻实施时，邓小平同志都强调，他最关心的还是人才问题。而解决人才问题，教育是基础，不改革教育体制，人才培养就无法满足社会主义建设的需要。因此，制定与这两个决定相配套的教育体制改革文件，以完成中国体制改革的整体战略部署迫在眉睫。在这样的背景下，中央决定尽快制定《中共中央关于教育体制改革的决定》。1985 年 5 月

27日，中共中央会议上通过教育改革文件《中共中央关于教育体制改革的决定》。文件指出，教育体制改革的根本目的是提高民族素质，多出人才、出好人才，而在改革开放初期，仍存在轻视人才、轻视知识、轻视教育等的错误思想，中央认为，要从根本上改变这种状况，必须从教育体制入手，有系统地进行改革，改革管理体制。针对高校而言，要扩大高等学校的办学自主权，但同时要加强党和政府对教育工作的领导，成立国家教育委员会负责掌握教育的大政方针，统筹整个教育事业的发展，协调各部门有关教育的工作，统一部署和指导教育体制的改革。学校逐步实行校长负责制，有条件的学校要设立由校长主持的、人数不多的、有威信的校务委员会，作为审议机构。

1989年7月15日，时任国务委员兼国家教委主任李铁映在全国高校工作会议上的讲话中指出：中华人民共和国成立以来我们在高等学校中实行过几种领导体制，党委领导下的校长负责制更适合我国高等学校的实际情况和工作需要。1994年8月31日，中共中央下发的《关于进一步加强和改进学校德育工作的若干意见》指出，在党委（总支、支部）的统一部署下，学校都要建立和完善校长及行政系统为主实施的德育管理体制。

为贯彻落实这一文件精神，国家教委于1995年12月21日制定并颁布实施了《中国普通高等学校德育大纲（试行）》，该大纲明确规定，在党委的统一部署下，建立和完善校长及行政系统为主实施的德育管理体制，校长对学生德、智、体全面负责。应明确一名副校长（可由党委副书记兼任）具体负责德育工作。2004年8月，中共中央、国务院发出《关于进一步加强和改进大学生思想政治教育的意见》，即中央16号文件，文件强调要建立和完善党委统一领导、党政齐抓共管、专兼职队伍相结合、全校紧密配合、学生自我教育的领导体制和工作机制。可以说，这份文件是对高校思想政治教育领导体制的最新表述，也是较为科学和完善的规定。

这一领导体制的实质或核心是在党委领导下，充分发挥党政两个系统合力搞好思想政治教育工作的作用。这是对中华人民共和国成立以来高校思想政治教育领导体制建设经验的总结，是长期探索的智慧和结晶。

2014 年，中共中央办公厅印发的《关于坚持和完善普通高等学校党委领导下的校长负责制的实施意见》中明确指出党委统一领导学校工作，领导学校思想政治工作和德育工作，坚持用中国特色社会主义理论体系武装师生员工头脑，培养和践行社会主义核心价值观，牢牢掌握学校意识形态工作的领导权、管理权、话语权。维护学校安全稳定，促进和谐校园建设。

通过一系列的探索，我们当前已经形成比较合理有效的大学生思想政治教育领导体制，也为大学生思想政治教育组织管理提供有效保障，具备我国特有的领导体制优势。

二、大学生思想政治教育领导体制的优势与不足

通过梳理我国大学生思想政治教育领导体制的演变，我们可以看到我国大学生思想政治教育领导体制有以下三种模式：校长负责制，党委负责制，党委领导下的校长负责制。这三种模式都有自己的比较优势，但是也有一些不足。

. 校长负责制。校长负责制，即校长负责处理学校的日常教学科研活动，完善学校的管理，全权代表学校并负责赋予校长决策权、指挥权、人事权和财务权，同时健全学校领导机构核心机制。特别是在新工作成

立初期，为了应对千头万绪的工作实际，借鉴苏联的办学经验，我国高校实行校长负责制，全面管理学校的工作。实行校长负责制，责任明确，落实到位，在高校工作经验不足的情况下，快速有效地解决高校建设发展问题，特别是解决了不少教学过程中的问题，其明显不足之处就是没有强调党委的作用，缺乏政治核心。

党委负责制。中国共产党是中国工人阶级的先锋队，同时是中国人民和中华民族的先锋队，是中国特色社会主义事业的领导核心。在高校，由党委领导大学生思想政治教育工作也是顺理成章，确保了社会主义办学的正确方向。其不足之处在于部分党委干部非专业技术出身，缺乏相应的实践经验，进行领导决策容易产生脱离实际的风险。党委负责人如果不能够很好地与其他高校管理人员、教师等群体进行意见交流，在长期的决策中容易形成一种意见，与高校民主自由的基本精神相悖。但过分强调思想政治教育的政治功能和政治内容，造成了高校行政管理、教学业务工作与思想政治教育脱节现象。

党委领导下的校长负责制。这是目前我国很多高校坚持的领导体制，也是大学生思想政治教育工作的领导体制。1990 年，中共中央颁发的《中共中央关于加强高等学校党的建设的通知》，明确指出高等学校实行党委领导下的校长负责制。1996 年，中共中央颁发的《中国共产党普通高等学校基层组织工作条例》，1998 年颁发的《中华人民共和国高等教育法》，2016 年中共中央、国务院颁发的《关于加强和改进新形势下高校思想政治工作的意见》对此又做出明确规定。高校党委对本校工作实行全面领导，对本校党的建设全面负责，承担管党治党、办学治校的主体责任，严格执行和维护政治纪律和政治规矩，落实党建工作责任制，切实发挥领导核心作用。校长是学校的法定代表人，在学校党委领导下，贯彻党的教育方针，组织实施学校党委有关决议，行使高等教育法等规定的各项职权，全面负责教学、科研、行政管理工作。党委领导下的校长负责制是一个不可分割的有机整体。这是我国大学生思想政治教育工作经过长期探索形成的领导体制，其优势相对明显，能够有效地实现理论与实践、政治与专业的结合，保证大学生思想政治教育工作顺利开展。但在实践环节还需要进一步加强党委与校长之间的分工合作，继续优化工作机制，真正实现大学生思想政治教育的目的，为社会主义培养建设者和接班人。

三、大学生思想政治教育领导体制的重要性

做好大学生思想政治教育工作，必须坚持党的领导，使高校成为坚持党的领导的坚强阵地。牢牢掌握党对高校工作的领导权，加强和改进高校党的建设，是办好高校的根本保证。体现在思想政治工作上，就要求各级党委加强领导和指导，掌握工作主导权，党委（组）书记要多走进高校，多接触师生，多加强同高校知识分子的联系，形成党委统一领导、各部门各方面齐抓共管的工作格局。高校党委承担着管党治党、办学治校主体责任，只有加强高校党的基层组织建设、抓好高校思想政治工作队伍建设，才能使在党爱党、在党言党、在党为党蔚然成风，保证大学生思想政治教育工作队伍后继有人、活力充沛。

确立大学生思想政治教育的领导体制是保证社会主义教育方向的前提。历史经验告诉我们，任何削弱或忽视党委对思想政治教育领导的思想和做法，最终都会削弱党对高校的领导，给党的事业带来损失。要坚持党委对大学生思想政治教育的统一领导，同时必须反对和纠正党委包揽一切的做法。

确立大学生思想政治教育的领导体制是落实主体责任的依据。在其

位谋其政，确立大学生思想政治教育领导体制能够明确高校工作分工，落实主体责任，避免在工作中出现推诿现象，能够比较好地树立领导意识和责任意识，提高大学生思想政治教育工作的实效。

第二节　大学生思想政治教育工作机制

一、大学生思想政治教育工作机制的内涵

机制的原意是指机器的构造和工作原理，在社会学的运用中，机制多指在正视事物各个部分的存在的前提下，协调各个部分之间关系以更好地发挥作用的具体运行方式，也就是现代社会中经常出现的各种运行机制。思想政治教育工作机制从机制的定义中发展引申而来，吕会霖认为机制的定义具有具体化和操作性特点，提出："思想政治教育机制就是指思想政治工作部门及其人员，在一定决策机构指挥下，在一定目标指引下，在一定动力驱动下，在一定体制条件保障下，共同协调，实现思想政治工作整体目标和功能的工作程序与工作方式。"① 总而言之，思想政治教育工作机制包括思想政治教育工作运行的所需要的要素以及要素运行过程中的运行规律。

① 吕会霖. 时代与人心的共同呼唤——关于新时期思想政治工作方式、方法、手段和机制创新的若干思考［J］. 毛泽东邓小平理论研究，2000（6）：46-51.

二、构建大学生思想政治教育工作机制的原则

（一）大学生思想政治教育工作机制的系统性

系统论认为，两个以上的要素组成一个整体，各要素之间，以及整体与环境之间存在着一定的有机联系。大学生思想政治教育工作机制的系统性也是如此，大学生思想政治教育工作机制作为一个由多个要素组成的有机整体，同一要素形成独立的子系统，不同的子系统综合作用形成大学生思想政治教育工作机制大系统。大系统中的各子系统之间，同级子系统各要素之间，不同子系统中要素之间都紧密相连、相互作用，发挥着大系统的整体功能。如果大学生思想政治教育工作机制中的某一个子机制系统失衡、失调或失效，就可能对整个机制系统造成负面的影响。因此，构成思想政治教育工作机制大系统的领导机制、教育机制、保障机制等子系统都需要处于平衡运转的状态，一旦某个子系统失衡，将影响整个系统的运行。如当思想政治教育工作领导机制失衡后，那么，思想政治教育工作的决策可能会走向错误的方向，思想政治教育工作运行的合力失散，导致思想政治教育工作停滞不前甚至瘫痪。正因如此，大学生思想政治教育机制的系统性、全面性也成为区别于其他群体思想政治教育的重要特性之一，在构建思想政治教育机制时，要更加谨慎，注重全面平衡。

（二）大学生思想政治教育工作机制的目的性

思想政治教育工作机制的目的性规定了思想政治教育工作机制运行过程中各项工作的任务指向，工作机制各子系统具有自己的预期目标，指导主体该做什么，如何达到目标。各项具体目标和各子系统的目标又

为实现思想政治教育总体目标服务。思想政治教育工作机制的目的性体现在：首先，大学生思想政治教育工作机制合乎思想政治教育总体目标，落实现阶段思想政治的目标——社会主义现代化强国建设所要求的“有理想、有本领、有担当”的人才培养，落实根本目标——不断提高人们的思想道德素质，提高人们认识世界和改造世界的能力，实现人的自由而全面的发展和共产主义。思想政治教育的目标使得思想政治教育工作机制建设具有方向性和强烈的目的性。其次，思想政治教育工作机制各子系统和要素有自己的方向和目的，思想政治教育工作机制各子系统的结构、功能和状态是不一样的，这就意味着不同子系统的目的是有差异的。如保障机制指向服务于思想政治教育工作有效地顺利实施，而激励机制指向激发思想政治工作的积极性。鉴于大学生思想政治教育工作机制的目的性，因此，在构建它时，要清楚各系统的目的指向，使其分工明确，避免整个系统的冗重，又使其合力作用于提升大学生思想政治教育的效果。

（三）大学生思想政治教育工作机制的协调性

大学生思想政治教育工作机制的协调性是指其在运行过程中能够敏锐地抓住环境、时代的变化，从而调整自己的结构和内容，自我适应发展，发挥更好的效果，保证思想政治教育工作顺利进行。也正是工作机制的协调性使得其自身保持着活力。首先，思想政治教育工作系统内部在发生新变化时，各个组成要素或子系统之间在应对新变化时将产生新的结构和功能，使得整个思想政治教育工作系统及其子系统有序稳定运行，保持一个健康的状态。其次，思想政治教育工作机制根据外部的环境协调发展。随着社会的发展，思想政治教育的环境相应地发生变化，思想政治教育工作系统也不是静止的，它随着环境的变化而动态发展，摒弃不合时宜的工作机制，发展添加新的工作机制，同时积极应对社会发展过程中给其带来的挑战。

三、大学生思想政治教育工作机制的优化完善

（一）强化大学生思想政治教育领导工作机制

高校坚持高校思想政治教育工作必须建立党委统一领导、校长为主实施，各部门各负其责，校、院、系、班全面落实的领导体制。为更好地发挥其功能，各组织机构既要分工明确，强化其功能的针对性，又要协调合作，发挥其更大的合力。首先，高校各部门明确自己的责任，强化自己的功能针对性，党委决策机构要坚持管方向、管大事，保证大学生思想政治教育工作的方向。因此，党委要认真行使好决策权，做好思想政治教育工作中目标确立、计划制订等事项。学校职能部门是高校中的组织结构，承担着组织、督促和检查大学生思想政治教育的职责。院（系）是贯彻落实大学生思想政治教育工作的基层单位，它不但联系着校级党委领导机构还与学校职能部门等都有着工作上的往来，其也是直接与广泛的学生联系的部门，对大学生思想政治教育有着重要的影响。高校已建立起立体的多层次思想政治教育工作体系，只有体系中的每个部门责任明确，强化自身的功能，高校思想政治领导机制才能更好地运行。其次，各组织机构又要协调合作，发挥其更大的合力。大学生思想政治教育不仅仅是哪一个部门的职责，党委领导的思想政治教育工作和其他学校职能部门工作，不是毫无联系的“两张皮”，大学生思想政治教育工作也不仅仅由院（系）教学部门承担，做好思想政治教育工作离不开各组织机构的通力合作。在党委的统一领导下，积极协调各学校

职能部门和各院（系），从而把思想政治教育落实到党建、管理服务和教学的方方面面，形成高校系统中的全员、全程、全面育人。

（二）深化大学生思想政治教育激励机制

1. 完善思想政治教育工作者和学生并重的激励机制

思想政治教育工作者是大学生思想政治教育具体的实施者，对思想政治教育工作有着重要的影响。采取合适的激励机制，有助于激发思想政治教育工作者的工作积极性、创造性。此外，思想政治教育工作作用于大学生的强化也离不开激励机制。因此，大学生思想政治教育激励机制的建立不可忽视两者。首先，建立思想政治教育工作者激励机制，使思想政治教育工作者以更大的热情投入思想政治教育工作。高校建立健全大学生思想政治教育工作者的报酬薪资结构，设立思想政治教育工作岗位津贴，使思想政治教育工作者得到合理的薪资，解决他们因薪资低而消极对待工作的问题。另外，完善思想政治教育的评价机制，多设立与思想政治教育工作相关的奖项，评价机制的明确可以将思想政治教育工作者工作的效果体现，激励思想政治教育工作者在工作上进步，设置的各个奖项也使其感受到自己的工作能力受到了肯定，为其未来工作提供了期望和激励条件。其次，完善以激励理论为理论基础，以大学生为对象的思想政治教育激励机制。其设立的目的是巩固和强化思想政治教育工作的效果，激发学生自我教育的主动性。激发他们积极向善、形成不断进取的人生态度，发挥无穷的创造力，成为社会主义可靠的建设者和接班人。高校学生思想政治教育工作者应在理论上和实践中正确把握目标激励、奖惩激励、情感激励、竞赛激励、榜样激励、教师行为规范激励的方法和手段，建立融入学生学习、生活的系统的激励机制。大学生思想政治教育激励机制应注重平衡思想政治教育工作者和大学生两个方面，激发思想政治教育工作者投入工作的热情和完善改革思想政治教育的创新性，充分调动学生自我教育的主动性，巩固思想政治教育效果。

2. 完善精神和物质并重的激励机制

思想政治教育工作激励机制可以从精神方面和物质方面两方面出发，物质性激励一般来说具有直接快速性特点，调动人们的能动性达到短期目标；精神性激励与人的思想观念、价值信仰有着内在密切联系，并且对人的影响会更加持久、稳定。从人的需要层次理论来说，人存在着五个从低到高的层次需要：生理的需要、安全的需要、社交的需要、尊重的需要和自我实现的需要，当人的物质需要得到满足时，才会追求精神需求的满足，因而物质需要和精神需要的满足不是随意的，有其限制条件。因此，精神激励和物质激励应结合使用，不应忽视任何一方，并且要达到好的激励效果，不可忽视的是激励对象的个人需求。首先，完善思想政治教育的物质激励和精神激励。设立相应的基金、奖项，对为思想政治教育工作做出卓越贡献的工作者和表现突出的学生给予奖励，给各种教育目标设置奖励项，给工作者和学生以动力，从而实现目标。同时还要注意树立典型，宣传典型，通过榜样激励思想政治教育工作者和学生，这是因为一方面成为榜样的先进个人能满足个人自尊和自我实现的需要，并且在通过自身努力成为榜样时，会自觉提高自身思想认识，规范自我的行为，从而将优秀品质内化于心，外化于行。另一方面也能起到很好的宣传导向作用和示范作用，有利于其他人学习和自我约束、规范，并创造良好的思想政治教育的工作环境。其次，思想政治教育激励以人为本，注重实际。从被激励人的实际情况出发，有针对性地解决其实际需求。这样的激励机制发力准确，更具有吸引力，更容易实现鼓励、调动主体的积极性和创造性的目标。

（三）完善大学生思想政治教育保障机制

1. 构建思想保障机制

构建大学生思想政治教育保障机制，思想保障要先行。正确的思想对思想政治教育的发展起促进作用，能够对思想政治教育工作进行正确的引导。首先，坚持正确的思想领导。坚持了马克思主义的指导地位，使先进文化、主流意识形态在包容中实现引领，在共存中巩固主导，为大学生思想政治教育框定了价值选择和行为导向，使其在发展的进程中不偏离主旨，不走错道路。其次，改变教育工作思想观念，贯彻大学生思想政治教育工作是极为重要的工作的理念。学校、部门机构、学院重视学生的思想政治教育，不仅将思想政治教育与教学、管理、科研、后勤等工作统筹并重、协调发展，而且将思想政治教育融入教学、管理等各个方面，实现大学生思想政治教育的日常化和生活化。最后，思想政治教育工作思想理念与时俱进。马克思主义始终保持科学性的原因之一是它不故步自封，而是随着时代的变化和实践情况不断丰富发展，“实事求是”“与时俱进”。因此，先进思想通常是需要适应社会发展要求的理论观念和思维方式，是根据社会需要和实践不断变革的。在大学生思想政治教育思想保障机制建设中，大学生思想政治教育思想理念要根据时代特征、面临的内外部环境和实践情况进行改革发展。

2. 构建物质保障机制

大学生思想政治教育系统是一个庞大、复杂的系统，其运行的每个环节都离不开物质的支持保障。所以建立和完善大学生思想政治教育物质保障机制有着重要的作用。首先，提供充足的大学生思想政治教育经费。没有充足的经费，大学生思想政治教育工作机制运行困难。因此，要改变重视专业教育工作而忽视思想政治教育工作，不重视思想政治教育工作资金投入的情况，保障大学生思想政治教育相应的硬件软件设施，保障满足大学生思想政治教育工作运行、管理、自我发展的支出，保障思想政治教育工作者的工资和福利，激励其工作的积极性。其次，提高经费利用效率，避免滥用或者闲置的情况。规范经费申请、审批、监督等程序和制度，清楚各项经费的去向，使用后的效果等情况，设置思想政治教育专项经费等，专项专用，使经费每一分都用在刀刃上。

（四）完善大学生思想政治教育工作预警监督机制

1. 构建大学生思想政治教育工作预警机制

大学生的思想状况复杂，思想政治教育面临的环境复杂，在思想政治教育工作中会存在着变化和危机，因此，思想政治教育工作者有必要经常总结工作中的经验和规律，建立大学生思想政治教育工作预警机制，从而发挥其预见性，在工作中及时发现、剖析、判断变化和危机，并做出反应，防患于未然。首先，建立完善的信息收集与反馈系统。发挥思想政治教育工作的预警功能，需要及时、广泛地收集信息，并迅速、科学地分析，从而做到预判。因而，拓宽信息收集渠道，建立多元、立体化的收集信息方式，才能做到“耳听八方”，及时搜索到预警信息。顺畅的反馈系统也十分重要，一是对收集的预警信息及时反馈，相关决策部门做出应对措施和决策，以便及时调整相关制度和工作计划；二是各部门建立顺畅透明的信息反馈途径，各部门预警信息反馈花费时间越短，安全隐患或危机解除的可能性越大。其次，制订大学生思想政治教育工作紧急预案。思想政治教育工作部门从日常的工作中，寻找规律，总结经验，形成大体的、可靠的紧急预案，确保在遇到紧急情况或者突发危机时，有解决的大致方向。最后，提高思想政治教育工作者应对突发事件的能力。对思想政治教育工作者进行应对突发事件的知识和技能培训，使其熟练掌握紧急和突发事件处理方法。

2. 构建大学生思想政治教育工作监督机制

大学生思想政治教育工作监督机制能够掌握和反馈思想政治教育工作真实情况，监督其是否运行正常，通过分析获得的信息，判读是否对思想政治教育工作系统进行调节，或采取新措施纠正其运行的偏差。监督机制贯彻在整个思想政治教育工作运行过程之中，监督、评估、调整环节之后还会出现再监测、再评估、再分析、再反馈等环节，也正是在一个个循环往复过程中思想政治教育工作不断得到发展。首先，建立完善的监督系统，把思想政治教育工作队伍的建设情况、思想政治教育工作的运行情况，资金投入情况、思想政治教育的制度建设情况、思想政治教育课程教学效果等要素纳入监督体系中，密切关注其情况，查漏补缺，做到及时调整。其次，拓宽监督途径。在思想政治教育工作过程中，专家的专业监督不可缺少，以便对监督遇到的情况给予专业和科学的建议和决策，及时纠正错误和偏差。学生监督可以扩大监督范围，完善监督内容。因此，在思想政治教育工作中，可以提高学生参与思想政治教育工作的意愿，建立学生与思想政治教育工作部门的联系，保障学生在思想政治教育工作中的知情权和监督权。新闻媒体以现代通信技术为依托，具有传播速度快、信息含量大、消息传播及时等特点，这也使新闻媒体的监督具有公开化和透明性的特点。思想政治教育工作注重新闻媒体的监督也是必要的，将思想政治教育工作置于大众视野下，能够推进思想政治教育各部门提高工作效率，并使其不断进步。

第三节 大学生思想政治教育机构建设

一、大学生思想政治教育机构的内涵

一般来说，机构指的是机关、团体或其他工作单位。大学生思想政治教育机构，是国家为实现对大学生进行思想政治教育而建立起来的一整套机关、团体和其他工作团体体系的总称，其制定决策和实施活动，从而对大学生施加有目的、有计划、有组织的影响，使他们形成符合一定社会所要求的思想品德。大学生思想政治教育机构是大学生形成思想观念、政治观点、道德规范的有效工具，其属于国家机器。

二、我国大学生思想政治教育机构

（一）政府机构

思想政治教育政府机构从中华人民共和国成立初期到现在逐渐得到完善。中华人民共和国成立初期，设置了 35 个部门管理全国的行政工作。其中直接对人的思想政治道德负责的是文化教育委员会，具体工作由文化和旅游部和教育部实施。现阶段进行思想政治教育的政府机构有党委宣传部，作为党委主管思想政治工作的职能部门，根据学校的中心任务和师生的思想实际，制订计划和工作制度，提出学校思想政治工作的任务，当好党委的参谋和助手。

（二）教育机构

教育机构是进行思想政治教育最直接，最广泛的一环，一般以学校的形式呈现，党中央和教育部对学校思想政治教育进行宏观指导，学校对学生实施具体的思想政治教育。为更好地发挥高校在大学生思想政治教育中的作用，党对高校思想政治教育进行了艰辛的探索与实践。高校通过完善组织结构，进行思想政治理论课改革、加强思想政治教师队伍建设、营造良好的校园氛围等，全方位地对大学生进行思想政治教育，充分发挥高校在大学生思想政治教育中的主阵地、主课堂、主渠道作用。

（三）媒体机构

随着信息技术的快速发展，新媒体也在迅速发展，现在媒体在人们的生活中占有重要地位。进入全程媒体、全息媒体、全员媒体、全效媒体的“全媒体时代”，媒体引导整个社会的舆论导向，对人们的思想有着直接的影响。因此，发挥媒体在思想政治教育中的作用，必须在媒体传播中坚持正确的舆论导向，体现党的意志，反映党和国家的大政方针。在我国，传媒是以党报、国家通讯社、国家广播及电视台为主体，主流媒体是党和政府的耳目喉舌，包括直属于党中央的人民日报社、光明日报社和隶属于国务院的新华通讯社和国家广播电视总局。国家广播电视总局负责广播电视新闻宣传工作，加强对全国广播电视事业发展的规划和政策、法规、标准的制定以及监督检查，对广播电视节目审查把关。新闻通讯社主要针对的是报刊。

（四）社区机构

社区是开展公民思想政治教育的重要场所。我国从 20 世纪 80 年代末就开始了对于现代社区教育的探索，教育部 2000 年后多次发文推动社区教育发展。以社区文化为纽带，不断营造良好的社区生活环境，充分利用各种社区活动，通过这些活动“把社区变成大课堂”，提高社区大学生的文化素养、道德水准、生活质量与适应能力。特别是借助社区场地，推进大学生的思想政治实践，从而使大学生做到知行合一。

（五）其他社会团体机构

社会团体是当代中国政治生活的重要组成部分，是由党政机构直接发起的，最典型的有共青团、工会、妇联等。在这些团体中与大学生思想政治教育紧密联系的是中国共产主义青年团。共青团是广大青年在实践中学习中国特色社会主义和共产主义的有利阵地。《中共中央国务院关于进一步加强和改进大学生思想政治教育的意见》中指出发挥共青团和学生组织作用，推进大学生思想政治教育。共青团是党领导下的先进青年的群众组织，是党的助手和后备军，在大学生思想政治教育中具有重要作用。

三、现阶段大学生思想政治教育机构的优势与不足

（一）现阶段大学生思想政治教育机构的优势

1. 政府机构在大学生思想政治教育机构中占据重要地位，给予大学生思想政治教育发展强有力的支撑

“党政军民学，东西南北中，党是领导一切的。”① 党中央和政府在各类机构中居于领导者、组织者、管理者的地位。同样，对于大学生思想政治教育的管理和领导，各级党委和政府机构责无旁贷。为加强大学

① 习近平. 中国共产党领导是中国特色社会主义最本质的特征［J］. 北京人大，2020（7）：4-11.

生的思想政治教育，一项项的举措频出。党委与政府对学校思想政治教育工作负总责，进行宏观把握与指导，构建了保障大学生思想政治教育的领导机制和运行模式。首先，党政机构会根据高校思想政治教育发展情况制定符合实践的方针、政策，促进高校思想政治教育的发展。《中共中央国务院关于进一步加强和改进大学生思想政治教育的意见》《中共中央国务院关于加强和改进新形势下高校思想政治工作的意见》《新时代高等学校思想政治理论课教师队伍建设规定》《关于深化新时代学校思想政治理论课改革创新的若干意见》等文件，以政策指引，谋求高校思想政治教育系统规划。其次，党政机构给予高校思想政治教育以经费支持。2018 年中央财政设立“高校思想政治工作专项资金”，用于提升高校思想政治工作管理能力、服务水平和工作质量的资金，列入教育部部门预算。并且教育部印发《高校思想政治工作专项资金管理暂行办法》，规范高校思想政治工作专项资金管理，提高资金使用效益，推进高校思想政治工作质量提升。各省、自治区、直辖市的财务部积极响应，落实各高校的思想政治工作的资金划拨，使各高校有足够的资金发展大学生思想政治教育。总体来说，党政机构给予了高校大学生政策保障和经费支持，是大学生思想政治教育发展的坚强后盾和强有力的支撑。

2. 高校成为大学生思想政治教育的主阵地，有效地落实和巩固思想政治教育

高校是大学生思想政治教育的主阵地，也是高校大学生思想政治教育的主要承担者，高校始终紧紧围绕“立德树人”的目标，努力培育有文化、有道德、有责任、有担当的时代新人。一直以来，高校坚持在党中央的领导下，建设和完善高校思想政治教育，取得了辉煌的成就，对实现中华民族伟大复兴的中国梦有着不可估量的作用。

首先，思想政治教育理论课是大学生思想政治教育的主渠道，高校完善思想政治教育学科、丰富思想政治教育内容和创新思想政治教育方法，大力推进高校思想政治教育发展。思想政治教育学科自高校思想政治理论课“05 方案”后基本稳定成型，如今有“马克思主义基本原理”“毛泽东思想、邓小平理论和‘三个代表’重要思想概论”“中国近现代史纲要”“思想道德修养与法律基础”“形势与政策”五门思想政治课作为高校大学生的必修课程，重视大学生心理健康教育。部分高校增加习近平讲话专题特色主题教育，日益提升了对高校思想政治学科的重视。同时，高校思想政治教育的内容紧跟时代步伐，根据实际情况进行充实和改进。高校思想政治教育不断改进教学手段，创新教学方法，多渠道进行思想政治教育，转变灌输式、注入式的单一、枯燥、僵化的教学手段。其次，思想政治教师队伍是高校思想政治教育的主体，学校始终重视思想政治教育的教师队伍的建设，以保障思想政治教育的质量。根据《新时代高等学校思想政治理论课教师队伍建设规定》，高等学校应当根据全日制在校生总数，严格按照师生比不低于 1∶350 的比例核定专职思想政治教师岗位，保障大学生思想政治教育的师资力量。除此之外，各高校注重辅导员队伍建设工作，以更好地服务于高校思想政治教育。总而言之，高校加强了思想政治理论课和思想政治队伍的建设，有效地落实了党对高校思想政治教育的指导，促进了大学生思想政治教育的发展，巩固了高校思想政治教育的成果。

3. 各个高校在思想政治教育上的相互联系，扩大了思想政治教育的影响力

近年来，国家十分重视各机构之间的相互联系，把社会、学校、家庭三者有机结合起来，建立社会化的思想政治教育大系统。对于国家主流思想，各机构之间交流的频率越来越高。党中央制订规划，总体指导

各方机构的思想政治教育工作，学校发挥教育主阵地作用，将思想政治理论课作为主渠道，把思想政治工作做在日常、做到经常。共青团、妇联等部门统筹协调社会资源支持服务学校教育和家庭教育；新媒体作为一种双向的、互动的传播模式，且可以跨时空传播，较大程度上影响受众；思想政治教育媒体机构的发声，为大学生思想政治教育创造了良好的舆论环境，也在一定程度上影响了大学生思想政治教育的社会环境。同时，大学生积极深入红色旅游区、农村、企业和社区等开展社会调研、志愿服务等社会实践，使大学生思想政治教育理论与实践相结合，进一步提升大学生思想政治素养。党政机构、教育机构、媒体机构、社会团体机构和社区机构联合起来，通过建立畅通有效的联动机制，将大学生思想政治教育战线拉得更长、更广，从而真正做到全方位育人。

（二）现阶段大学生思想政治教育机构的不足

1. 社区、民间社会团体等大学生思想政治教育机构成长缓慢

对于高校大学生的思想政治教育工作，社区实践要求秉承理论联系实际的基准，对课堂进行延伸，真正进入社会。在我国，虽然1994年中国社区教育委员会加入国际社区教育协会（ICEA），1999年1月由国务院批转教育部颁发的《面向21世纪教育振兴行动计划》中提出“开展社区教育的实验工作，逐步建立和完善终身教育体系，努力提高全民素质”，但是现阶段“大学生思想政治教育机构+社区机构”实践的教育模式并不成熟，机制体制不完善，体系不健全，经费投入不足，发展不平衡等，使社区机构未充分地发挥思想政治教育的作用。2008年社区实验和示范区132个，只占不到全国3425个县市区总数的4%。根据《教育部等九部门关于进一步推进社区教育发展的意见》，到2020年，我国社区教育治理体系初步形成，建设全国社区教育实验区600个，建

成全国社区教育示范区 200 个，占全国 3425 个县市区总数的 23. 4%。12 年间的增长只有 19. 4%。根据中国社区教育网 2015 年的数据，社区机构对青少年的培训教育只达到了 20. 25%，对大学生教育比例就更小了。总体而言，激发社区机构发挥对大学生的思想政治教育的作用还有很大空间，这也是今后大学生思想政治教育长足关注和研究的方面。2015 年社区教育实验区、示范区调查数据统计图解见图4-1。

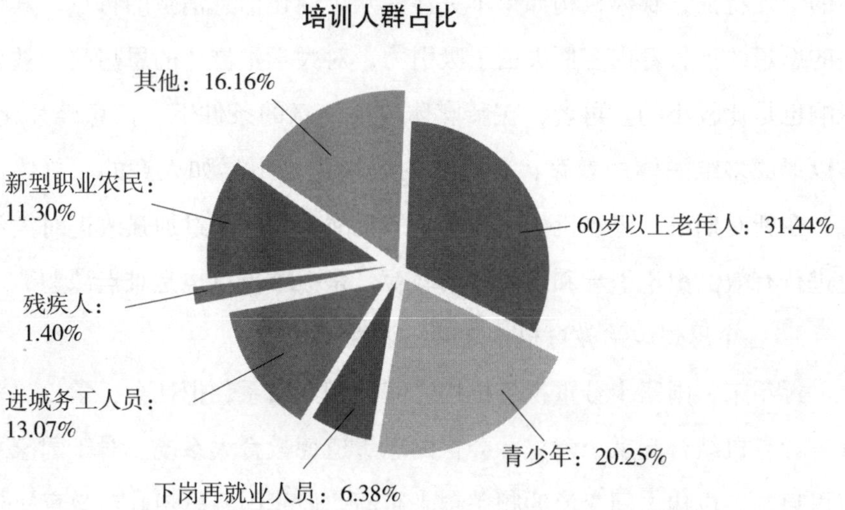

图 4-1 2015 年社区教育实验区、示范区调查数据统计图解

2. 新媒体思想政治教育机构对大学生的思想政治教育的影响有待提高

对于媒体机构，国内外十分重视。由于互联网的高度发展，大学生生活进入“全媒体时代”，这意味着大学生接收信息更迅速，获得的信息量更大。受到信息传播革命的影响，媒体机构的思想政治教育工作面对着全新的挑战。首先，在各种舆论潮流传播的过程中，主流媒体机构的舆论引导力被信息流冲散，其对大学生的影响力也在减弱。信息来源日趋多样化，微信、微博等成为大学生获取新闻信息资讯的主要渠道。并且在新媒体中接收信息具有“双向选择性”，大学生获得了自主选择所要接收的信息的权利，他们在很大程度上会过滤主流媒体的思想政治教育的内容而选择接收虚假的具有意识形态目的的舆论信息，因而被误导，这在更大程度上消解了主流舆论的影响力。其次，媒体机构对大学生受众的科学分析不足，特别是90后，00后具有复杂的心理状况和鲜明的个性特征，媒体机构如果不关注受众个性化信息消费的特点，其传播的思想政治教育内容便失去了吸引力，对大学生群体的思想政治教育影响也是比较小的。再者，在新媒体传播信息的条件下，信息碎片化，难以形成多维一体的教育，其教育的效果也是不尽如人意的。总体而言，在新时期中，媒体机构面临着新的挑战，如何通过加强改进对大学生进行有效的舆论引导和思想政治教育，是一个重点也是难点课题。

3. 各个思想政治教育机构之间协调性不足

近年来，国家十分重视各机构之间的相互联系，把社会、学校、家庭三者有机结合起来，建立社会化的思想道德教育大系统。对于国家主流思想，各机构之间交流的频率越来越高。但我国各思想政治教育机构之间的协调性还不够，存在简单化的误区，思想政治教育主要是由某些部门和人员进行，没有足够重视运行机制的建立。即使是教育学生也是由家长和学校共同进行，这往往缺乏协调性，难以形成合力。再加上社会不良风气的影响，教育效果不能令人满意。因此，在当前思想政治教育体制的发展和探索中，从微观的角度来看，要把教育观念、教育内容、教育方法、教育环节作为一个整体的手段；从宏观角度来看，要把家庭、社会、学校作为一个系统，建立一种行之有效的思想政治教育运行机制，充分发挥教育合力作用。

四、大学生思想政治教育机构建设

（一）充分发挥社区机构的大学生思想政治教育功能

自改革开放以来，随着社会的发展，社会功能不断地细化，以社区为基础的服务正变得日益突出。充分发挥社区机构在大学生思想政治教育中的作用，建立“教育机构+社区机构”这种自主实践教育模式，使校内外各种资源为大学生思想政治教育学习与实践搭建平台，构建“大思政”“大教育”和“大宣传”格局。首先，社区居委会等有关负责部门要改善社区环境，不仅包括配置硬件设施，还要配备专门的管理人员和指导教师。通过社区先进的硬件设施和高素质的专业教师队伍，加强社区机构对大学生实践的吸引力，积极引导大学生参与和指导社区社会实践，发挥社区教育功能，以此来促进大学生思想政治教育的发展。其次，健全社区机构进行大学生思想政治教育的机制体制。通过构建大学生进社区实践的机制和社区服务大学生的机制，进一步规范和引导大学生进社区实践的规范发展，给社区思想政治教育机构以支持力量，使大学生走出课堂，走出校园，将思想政治教育的理论知识付诸实践，进一步巩固思想政治教育效果。最后，转变大学生的学习观念。大学生要认识到参与社会实践能够巩固自己所学的理论知识，要敢于在社会实践中锻炼自己的品质和提高自身的创新能力。

（二）提高新媒体对大学生思想政治教育的有效传播

在“互联网+”的时代，信息传递更加快速，新媒体在日常生活中的地位越来越突出，媒体机构的舆论风向是大学生思想政治教育“大环境”的构成中的一环，因此，不能忽视新媒体对大学生思想政治教育的影响，并且要提高新媒体对大学生思想政治教育的有效传播。首先，根据大学生个性特征，创新传播内容、形式和手段。媒体机构需要走进大学生，聚焦大学生想要表达的心声，创作关于大学生思想政治教育的作品，才能得到大学生的认可并发挥其影响力。并且媒体机构采用的传播载体也要贴近大学生的喜好，现在相较于传统的报纸或者网站，抖音、微信、微博等平台在大学生中受欢迎程度更高，所以，媒体机构使用的传播载体要与时俱进。总之，媒体机构要做到贴近大学生受众特征，运用合适的内容、形式和手段来传播思想政治教育。其次，加强新兴媒体管理，建立健全网络舆情的分析机制。在互联网背景下，每天涌现出大量的信息，要加强对其的管理，对于错误的言论要及时拦截以及澄清，抓住舆论走向的主动权，使媒体环境更加清明，减弱或杜绝错误的有意识形态目的的言论和思想对大学生的影响。面对突发的公共事件要及时发声，观察舆论的走向，积极加以引导与管控，使大学生的思想朝着积极向上的方向走去。

（三）重视各个大学生思想政治教育机构的协调

大学生不只是处在“象牙塔”之中，也深受社会、家庭等的影响，因此，大学生思想政治教育是一个多层次、多领域、多功能的庞大系统，离不开各个思想政治教育机构的联合培养。首先，各个思想政治教育机构积极发挥自己的功能。高校要发挥思想政治教育主阵地作用，进一步进行思想政治课的改革，将思想政治课变成学生喜爱的课程；精心培养和组织一支会做思想政治工作的专业队伍，会教育引导学生的教学科研队伍，把思想政治工作做在日常、做到经常。教育、妇联等机构要统筹协调社会资源支持服务于学校、社区的思想政治教育，使这些机构在发挥思想政治教育的过程中有着强大的领导力，以及丰厚的财力物力的支持。媒体机构要占领网络舆论阵地，有效防止大学生受到具有意识形态目的的言论和思想的影响，净化网络环境和给予大学生积极的社会影响，并且根据大学生受众的特点利用多形式的新媒体进行大学生思想政治教育。其次，构建各个机构协调的机制体制。各个机构的思想政治教育需要协调一致，某一机构出现短板，对整个思想政治教育的影响是巨大的。因此，在对大学生进行思想政治教育过程中，协调好各个机构，调动家庭、学校、大众传媒、国家机关、社会团体、工作单位等共同参加，认识自身的责任，承担其任务，形成思想政治教育的大环境、大气候，产生“1+1+1+1>4”的合力教育效果。

第四节 大学生思想政治教育保障条件

大学生思想政治工作是一项极其重要的工作，要做好这一项工作，其保障条件要完善，从而为进一步提升大学生思想政治教育保驾护航和提供发展动力。因此，大学生思想政治教育保障条件从其五个要素出发：制度保障、物质保障、环境保障条件、教师队伍素质保障、评价体系保障，进一步促进大学生思想政治教育的发展。

一、完善大学生思想政治教育的保障条件的必要性

思想政治教育是我们党的优良传统和政治优势，是宣传思想领域的基础性工作，也是党的一切工作的生命线。其重要价值维度之一是掌握话语权，是增强意识形态吸引力的重要前提。我党一直以来都十分重视思想政治教育，2013 年习近平总书记指出：意识形态工作是党的一项

极端重要的工作。2018 年，习近平总书记在全国教育大会上做出了“思想政治工作是学校各项工作的生命线”的重要论断。

思想政治教育肩负着青少年成长成才的重要使命。青少年阶段是人生的“拔节孕穗期”，此时青少年最需要精心引导和栽培，明确时代赋予的新使命、新责任、新担当，树立正确的世界观、人生观和价值观，培养担负大任的本领。从而实现德才兼备，自觉融入坚持和发展中国特色社会主义事业、实现中华民族伟大复兴的中国梦的奋斗之中。

但是，我们需要充分地认识到，现阶段大学生思想政治教育也面临着种种挑战。进入新时代，各种社会思潮带来冲击；随着信息技术的发展，现阶段信息的传播更广泛、更迅速，虚拟空间的言论管控难度大；加之大学生心智成熟不稳定，还未形成成熟的世界观、人生观、价值观和敏锐的判断能力，容易受到身边环境的影响，更加需要进行思想政治教育。

高校思想政治教育发展了多年，取得了许多成就，但仍存在着不足，要使思想政治教育取得更好的效果，培养可靠的社会主义建设者和接班人，需要进一步改进思想政治教育工作的不足。在这过程中完善高校思想政治教育保障条件，对思想政治教育的发展有着极其重要的作用。

二、大学生思想政治教育保障条件的要素组成

大学生思想政治教育涉及思想政治教育制度、思想政治教育物质基础、思想政治教育环境、思想政治教育教师队伍素质、思想政治教育评估等各个方面，为了保障大学生思想政治教育各个方面正常运行，需要从制度、机构、环境、教师队伍、评估等方面入手。因而其保障条件大

致分为五个部分：制度保障条件，通过政策制度和规章制度，建立起全面的制度保障，能够指引思想政治教育发展方向以及提供强大的制度支持；物质保障条件，有雄厚的资金保障思想政治教育改革过程中的基础设施、设备提供，教育教学的研究经费和师资队伍建设；环境保障条件，要尽量使具有思想政治教育功能的社会场所构建与大学生思想政治教育一致的环境，减少不良的环境对大学生的误导，增加大学生思想政治教育的权威性和公信力；教师队伍素质保障，展开大学生思想政治教育工作不仅必须要具备充足的人力资源，并且要保障教师队伍素质，建立一支理论水平高、思想素质过硬的队伍；评价体系保障，对思想政治教育的质量监控，促进大学生思想政治教育的持续发展。在此基础上建立的思想政治教育保障条件，有机结合、协调运作，为提高思想政治教育质量保驾护航、提供支持。

三、思想政治教育保障条件的完善

（一）建立健全制度保障

思想政治教育各个方面平稳地运行，最强有力和最稳定的保障是制度保障。建立健全高校的各项规章制度，使大学生思想政治教育工作走向有序化、规范化。

1. 制度制定各主体形成合力

大学生思想政治教育制度的意识层层递进，形成合力。从制定部门的角度划分，可分为国家层面颁布的法规政策，思想政治教育主管部门制定的制度规范及地方单位和高校依据上级文件要求制定的规章条例。三级部门制定的制度相互呼应，为大学生思想政治教育提供强有力的保障。首先，以党和国家的有关教育法规文件为指导和依据，制定相关大学生思想政治教育法规的实施细则，加以严格监督，从宏观层面给大学生思想政治教育发展提供方向和法律保障，促使各项规定落到实处。其次，加强地方单位和各高校的思想政治教育制度建设。地方单位和各高校根据国家教育法律法规建立符合实际的工作条例和制度体系。地方单位应将宏观层面教育规则进一步细化与充实，同时给微观层面规则的制定提供一个框架。高校是落实大学生思想政治教育的重要主体，其制定的是微观层面的规则，是最具可实施性的，也是最能发挥作用的规则。因而高校可以根据实际办学条件、办学能力及学生的特质而制定出来最具效用的规则，建立相关的制度保障。从宏观到中观、微观层面，将规则意识统一，建立有效、系统的制度体系。

2. 健全和完善大学生思想政治教育的制度规范体系

大学生思想政治教育制度发展过程中还存在不完善的地方，因而需要促进大学生思想政治教育的制度内容的充实与完善。首先，社会在进步、教育在发展、教学在改革、思想政治教育面临新变化和新情况，所以制度建设要与时俱进，要不断修订完善，以提供更加完善的有力的制度保障。其次，通过制度实施评估和反馈，认真甄别，及时摒弃不符合时代要求和实际情况的规章制度。进一步完善已有的制度。各个高校的思想政治教育在开展过程中，已经形成自己的制度。最后，完善大学生思想政治制度的内容，把在思想政治教育工作中形成的好经验、好做法及时提炼并上升到制度层面确立下来，以利于长期执行。通过制度来保证思想政治教育的各种活力得到充分激发，各项措施得到有效落实。根据现实，进一步完善大学生思想政治教育制度，发挥其正确的效力。

（二）加强物质保障

高校思想政治教育发展需要有一定的经费物质保障，这是无法避免的。因为高校思想政治课课堂教学的改善，教师队伍素质提升，教育发展改革研究，图书资料、实践基地、多媒体设备等教育资源升级，校园环境的改善，都需要资金的支持。

1. 设立专项思想政治教育经费

一般学校以服务经济社会发展为宗旨，以就业为导向，学校的经费往往倾向于专业教育，这意味着需要相应地减少思想政治教育经费。挤压思想政治教育经费，一些思想政治教育活动难以展开，达不到相应的效果。高校思想政治课的课堂班级人数过多，辅导员人数少、压力大，大学生实践教学的机会较少等问题与思想政治教育经费不足有着联系。为此，有必要考虑在财政拨款和学校预算中分别设立思想政治教育专项经费，以保证在教育经费相对不足的情况下也能兼顾思想政治教育经费的必要支出，为思想政治教育经费保障提供长效机制。因而设立宏观思想政治教育专项经费，使思想政治教育经费更加有稳定的保障。

2. 完善思想政治教育的基础设施和硬件设备

基础设施和硬件设备是思想政治教育展开的基础物质保障。首先，需要具备图书馆、心理咨询室、现代教学设备和网络基础设施、宿舍、食堂等基础设施并及时更新相关设备。除了丰富图书馆馆藏内容、完善住宿和就餐等基础设施外，需要更加重视心理咨询室和现代化教学设备和网络设施的建设。在新的时代，青少年的心理复杂，心理品质下降，因而需要更加注重心理咨询室的建设，对大学生开展有效的心理咨询、治疗预防和矫治，为大学生心理健康增加一份保障。根据信息技术的快速发展及信息化教学要求，高校应加大现代化信息化教学平台和网络基础设施方面的资金投入力度，支持微课、慕课教学等信息教学平台和软件的开发和建设，为师生提供更为便捷和创新的教学方式；优化校园网应用中的服务功能，为师生提供良好的用网环境。其次，推进思想政治教育基地建设，支持大学生开展社会调查、志愿服务、暑期调研等活动，培养大学生的实践能力和创新能力，在了解国情、认识社会中不断提高思想道德素质。这为大学生的学习和生活提供物质保障，也培养大学生的实践能力和创新能力，使其在实践中提高思想品德素质，实现大学生思想政治教育的知行合一。

3. 加大科研经费和师资队伍经费的投入

教师是大学生思想政治教育的中坚力量，高校思想政治理论课是大学生思想政治教育的主阵地，思想政治教师是思政课教学的主体，其责任重大。习近平总书记 2019 年 3 月 18 日在学校思想政治理论课教师座谈会上指出，办好思想政治理论课关键在教师。而必要的专项经费是建设队伍的物质基础。首先，需要一定的经费投入招聘思想政治教师，解决思想政治教师短缺的问题，以改善教师的工作条件和生活环境，这样才能吸引和留得住人才。另外，教师的能力和素质提升需要一定经费投入，以支持、保障思想政治教师外出参加学术会议和培训交流、参观考察学习和进修等活动。思想政治教育研究是思想政治教育的进一步发展的动力之一，大学生思想政治教育要取得更佳的效果，离不开一批教师和学者的专心研究，因而高校需要加大思想政治教育研究的经费投入，扶持一批可行、具有前沿性和发展前景的研究项目，并加强项目的推广应用。

（三）提升大学生思想政治教育环境保障

大学生思想政治教育环境大致分为三方面：校园环境、家庭环境和社会环境。大学生所处的环境往往对大学生有着潜移默化的影响。久居兰室不闻其香，久居鲍市不闻其臭。现阶段，处于世界百年未有之大变局，世界和国内环境复杂多变，甚至糟粕文化和腐朽思想在社会和网络上渗透着，甚至悄悄流入校园。因而思想政治教育过程中需要更加注意所处的环境，促进环境在思想政治教育中发挥保障作用。

1. 加强校园环境的建设

大多数的大学生在学校环境中学习和生活，营造良好的校园环境对大学生思想政治教育是十分重要的。需要优化校园环境，达到育人的作用。首先，展开形式多样的校园文化活动，并加强对社团等学生组织的管理。学生管理机构和思想政治教育部门展开形式多样的、具有吸引力的校园文化活动，使大学生参与营造较好的校园环境，也可以在活动实践过程中坚定对思想政治教育的信任。加强对社团等学生组织的管理，通过管控学生活动，对有问题的校园活动，早发现、早整改、早取缔，保障展开的学生活动积极向上，传播正能量。其次，发挥校园网络平台的舆论导向作用，网络平台的受众广泛，信息量大，是校园环境建设不可缺失的一环。校园网络平台的宣传需要生动形象，增强与学生的互动性，使学生对思想政治教育宣传内容感兴趣、印象深刻，从而营造良好的校园网络环境。最后，加强校园周边的环境的管理，对校园环境的营造有着关键作用。对于校园周边营业的网吧、宾馆和酒吧等场所，要重点关注其规范性，杜绝非规范性娱乐性场所对大学生和思想政治教育的影响。

2. 加强家校联系

家庭环境对学校思想政治教育具有重要的制约作用，正如苏联教育学家苏霍姆林斯基所指出的，教育的效果取决于学校和家庭的教育影响的一致性。如果没有这种一致性，那么学校的教学和教育过程就会像纸做的房子一样倒塌下来。因而在大学生思想政治教育过程中，不可忽视家庭教育和家庭环境，使家庭教育与学校思想政治教育相协调，思想政治教育才能达到更佳的效果。子女不自觉地受到父母的品德素质和家庭氛围的影响，父母与儿女的关系对大学生的身心健康也有着较大的影响。因而需要营造良好的家庭环境。首先，家长以身作则，创造和睦的家庭氛围和优良的家风。夫妻关系作为家庭关系的主干，夫妻要做到互相尊重、爱护，和睦相处。应该做到孝敬父母，邻里和睦。父母给孩子做出榜样，通过行为举止与道德观念综合影响自己的孩子的思想与人格塑造。其次，家长要提高自身的育儿能力。家长需要秉持着自我发展的理念，继续学习，积极学习正确的教育理念，使用正确的教育方法，正确地了解孩子的生理和心理，教育兼顾学业水平和思想道德素质。

3. 优化社会环境

社会环境对大学生的影响是无时不在、无处不在的。但是现阶段，社会环境较为复杂，出现了一些社会道德问题和多种腐朽的社会思潮、西方文化，加之互联网上信息传播广泛、快速，影响着大学生的价值取向，消减了大学生思想政治教育的效力。因而需要优化社会环境，消除社会环境中的消极力量，为大学生思想政治教育增添保障。首先，重视及时解决社会问题。受腐朽的思想和西方文化，甚至是敌对势力的思想文化的影响，社会道德困境出现了，如"金钱至上"的理念横行。面对这些问题国家和政府需要重视和及时解决，防止其在社会上的影响扩大。其次，加强社会舆论宣传。"宣传媒介新闻舆论工作必须把政治方向摆在第一位"，要牢牢把握正确的舆论导向，恪守媒体责任 ，弘扬主旋律。舆论内容注意甄别筛选，警惕各种非主流思想意识和文化进入宣传舆论，坚决杜绝腐朽的、低俗的、反动的思想毒害。最后，要加强网络道德建设，净化网络环境。当代大学生的日常生活与网络息息相关，因而不能忽略网络环境的影响，主动占领网络思想政治教育新阵地。国家和有关政府部门加强各个网站和网络信息的监管，及时打击不法分子，加快制定法律规范网络，国家应营造积极健康的网络文化风尚，净化网络环境。

（四）思想政治教育队伍素质保障

思想政治教育者是落实大学生思想政治教育任务的具体实施者，思想政治教育目标的实现离不开他们。思想政治教育工作任务艰巨，思想政治教育工作队伍直接和大学生打交道，对学生的影响较大。因而不仅要保障队伍规模，使从事思想政治工作的人员充足，更要保障其素质，促进学生成长成才，推动思想政治教育建设进程。

1. 增加思想政治教育者选聘，严格队伍准入门槛

正如习近平总书记所说，整体推进高校党政干部和共青团干部、思想政治理论课教师和哲学社会科学课教师、辅导员班主任和心理咨询教师等队伍建设，保证这支队伍后继有人、源源不断。根据现阶段思想政治教育队伍情况，按照国家有关规定配备好思想政治教育者队伍，思想政治教育者数量还是未达要求的。因而各高校需要根据自身的情况，招聘思想政治教育者，特别是辅导员和思想政治教师。通过采取任命、推荐和招聘等开放、灵活的人才配置方式，引进优秀的思想政治教育工作者，并妥善地解决其关心的经济利益、职称等问题，使他们安心地从事大学生思想政治教育工作，从而也保障思想政治教育工作者队伍的稳定性。在招聘思想政治教育工作者的过程中，要严格实施准入制度，严格准入门槛。要制定具体严格的思想政治教育任职资格，凡不符合任职资格的一律不得聘用。严格聘用政治关，政治原则和立场不坚定的不得从事教育教学工作。严格聘用道德素质关，进行师德考核，有与违背师德相关的劣迹的不得从事教育教学工作。

2. 提高思想政治教育工作者的专业能力和道德素质

思想政治工作从根本上说是做人的工作，具有复杂性，这也要求思

想政治教育工作者具有较高的专业能力和业务能力。首先，思想政治教育工作者、学校和国家有关主管思想政治教育部门提高对思想政治教育工作者专业能力和业务素质的认识。一方面使思想政治教育者有意识地、主动地重视和提高自身的专业能力和业务素质；另一方面学校和国家有关主管思想政治教育部门提高认识，为思想政治教育工作者的专业能力和业务素质加强外部支持力量和监督力量。其次，建立多形式、多层次的培养体系，增加实践机会以提高教师专业能力和业务素质，如开展课程教学培训、学生管理培训等理论业务培训。鼓励参加对外交流、高层次进修、访学观察等活动，促进思想政治教育工作者拓宽视野，在实践中进一步提升自我的能力和专业素质。

（五）评价体系保障

质量评价是高校思想政治工作的重要环节，是对已经展开的思想政治工作的反馈，是加强和改进高校思想政治教育的重要依据。因而建立科学的质量评价体系，创新质量评价手段，全面真实地反映高校思想政治教育的现状以及不足，从而为其发展提供依据支撑和指引方向。

1. 完善指标体系架构

大学生思想政治教育质量评价体系是一个涉及因素众多的系统工程，需要从整体上把握各种要素，保证评价的准确性和全面性。以评价主体、评价内容、评价标准、评价反馈体系等因素为重点，形成评价主体多元、评价内容全面、评价标准客观、评价方法高效、评价反馈顺畅的评价架构。第一，主体参与到评价中，让家长和社会第三方参与进来，形成思想政治教育评价多元主体。第二，评价不能仅仅聚焦在教育效果评价，还要对教育工作进行评价，在教育效果方面不能只注重思想政治教育理论课的质量评价，更要注重学生道德品质评价，做到内容丰富、全面。第三，评价标准的制定遵循普遍性和特殊性原理。评价标准的制定遵循整个思想政治教育大环境的要求。制定出评价考核的刚性标准，一切要从自身实际出发，要考虑到各个高校自身的校情学情和思想政治教育工作的具体特点。第四，在评价方法上，充分利用互联网时代的优势，改进评估方式。一方面，通过大数据、云平台，实现思想政治教育评估便捷高效和准确。另一方面，利用大数据，进行思想政治教育的追踪调查，了解思想政治教育效果持久性和思想政治教育更深层次问题、改进方向。第五，建立顺畅的评价反馈机制。结合评价结果中梳理出的工作漏洞及薄弱环节有针对性地加以整改，并将整改结果尽快做出反馈，以便进一步保障大学生思想政治教育工作的质量。

2. 建立评价体系的监测机制

科学的评价指标体系能反映评价主体本质的、有时代意义的特征，坚持立德树人的评价导向，使评价更与时俱进。因而思想政治教育的评价架构不能一成不变，而是需要根据时代的发展和受教育者的实际情况的变化，做出相应的调整。首先，思想政治教育体系不是封闭的系统，而是开放的，变化完善的系统，其构架内容需要根据时代科学技术的变化，敏锐地感知评价体系的变化，及时调整评价体系。根据评价体系对标的长期、客观、多角度的观察与监测，对评价体系的效果和评价结果质量进行监管等措施保证评价体系的准确调整，保证评价体系对思想政治教育工作的反馈正确，给予的改革方向也是正确的。其次，通过对评价体系的监测，挖掘出思想政治教育潜在的、尚未开发的相关因素指标，进一步完成思想政治教育评价体系。

第五章

大学生思想政治教育任务管理

《中共中央宣传部 教育部关于进一步加强和改进高等学校思想政治理论课的意见》明确指出：“如何引导大学生正确认识当今世界错综复杂的形势，把握国际局势的发展变化和人类社会的发展趋势；如何引导大学生正确认识国情和社会主义建设的客观规律，增强在中国共产党领导下全面建设小康社会、加快推进社会主义现代化的自觉性和坚定性；如何引导大学生正确认识肩负的历史使命，努力成为德智体美全面发展的中国特色社会主义事业的建设者和接班人，是必须认真研究解决的重大而紧迫的课题。”这不仅是对高校思想政治教育的育人职责提出的要求，也是摆在大学生思想政治教育管理工作面前的任务和命题。

大学生思想政治教育管理任务是围绕培养高质量、高素质人才这一办学方针，进行思想政治教育管理的完善和调整，使思想政治教育管理工作落实到高校各部门具体工作职责范围内。高校大学生的思想政治教育管理涉及宣传思想教育管理、思想政治教育教学管理、思想政治教育活动管理、日常行为养成教育管理和安全稳定教育管理等各项内容。在高校各方协同参与的前提下，实现高校学生思想教育管理的协同育人功能。大学生思想政治教育的任务管理实际是对大学生进行思想政治教育的统筹规划和组织实施管理。在保证我国高等学校的社会主义办学方向的前提下，通过思想政治教育的任务管理系统实现对学生思想政治教育的协同育人功能。

第一节 宣传思想教育管理

高校宣传思想教育管理的职责主要由高校党委宣传部承担。《中共中央宣传部 教育部关于进一步加强和改进高等学校思想政治理论课的意见》要求高校思想政治教育“确立党的宣传部门与教育部门相互协调、密切配合的宏观管理体制”。党委宣传部门作为高校主管宣传思想工作的核心部门，其工作职责主要包括：引领全校师生开展思想政治理论知识学习、建设校园精神文明建设、校园文化宣传和活动管理等。

党委宣传部通过以上职责的履行，对学校培养高质量人才的思想政治素质发挥着重要作用。首先，党委宣传部通过对全体教职工开展广泛的政治理论教育，例如，通过学校例会、党员组织生活、师资培训、宣讲会等方式在学校广大教职工中开展思想政治教育。通过调研工作对教职工的思想状况进行调查研究，摸清教职工的政治思想状态，发挥积极引导的作用。与此同时，党委宣传部也通过形式多样的活动开展对学生的思想政治教育，运用马克思主义理论武装学生头脑。通过各种形式的活动来对学生开展各类思想政治教育、法制教育、价值观教育、心理健康教育等。通过这些活动来切实提高学生政治思想素质，进而成为思想政治理论课程的有益补充。同时学校精神文明建设也是由党委宣传部牵头，通过学校层面的各项活动加强学校精神文明建设，如各类主题教育活动，为学生成长成才营造良好环境氛围。此外，在校园文化宣传过程中，党委宣传部运用传统媒体及现代新媒体，通过校园公众号、微博、QQ群等方式进行校园文化宣传和管理，弘扬学校先进文化，宣传学校师生典型事迹，启迪学生奋发上进。这是党委宣传部进行宣传思想教育的重要内容。党委宣传部的工作职责和任务主要体现在以下三个方面。

一、贯彻党的教育方针，坚持社会主义大学的办学方向

贯彻党的教育方针的前提是始终坚持社会主义大学的办学方向，这是党委宣传部的首要任务。坚持社会主义大学的办学方向是我国高校宣传思想教育管理的总指引。党委宣传部履行职责的首要前提是认清并坚持这一办学方向。其实质也是对我国大学的办学性质、办学目标和办学途径的集中概括。坚决贯彻党的教育方针，维护社会主义大学的办学方向，这实际体现的是我国大学“为谁服务、培养怎样的人和如何培养”的三个问题，也在一定程度上体现了我国高校培养德智体美劳全面发展的高素质人才的目标及其实现途径。

全面贯彻党的教育方针和坚持高等教育社会主义发展方向作为高校党委宣传部门的重要职能，需要在正确认识这一前提的基础上，正确地把握高校意识形态工作的必要性和特殊性。在思想政治教育的宣传管理过程中高举中国特色社会主义旗帜，对学校内外以及国内外的意识形态动向密切关注，以便于为高校意识形态工作提供参考和借鉴。其次，对高校内部广大师生的思想动态进行调查和了解，在相关资料收集的基础上，为高校思想政治教育的开展发挥基础性作用。通过网络、广播、校报、宣传橱窗等舆论平台，将马克思列宁主义、毛泽东思想、邓小平理论、“三个代表”重要思想、科学发展观及习近平新时代中国特色社会主义思想渗透于思想政治理论课以外的校园活动中。通过党委宣传部的

工作，帮助学校师生树立正确的人生价值观。

二、坚持实事求是的原则，发挥高校舆论引领作用

实事求是是党委宣传部履行职责的前提。在此前提之下党委宣传部通过校园文化宣传与建设，在发挥高校舆论引领，提高人才思想道德文化素质过程中发挥着不可替代的重要作用。在校园文化宣传过程中，运用传统媒体及现代新媒体，进行校园文化宣传和精神文明建设。校园文化体现了一所大学的精神风貌，体现了现代大学的办学特色和精神气质。学校严谨的治学风气和严格的纪律规约直接影响着高校人才培养的质量。因此，校园文化建设十分重要。大学的校风校纪、校容校貌对每一位师生都起到重要的精神文明规约作用，体现了大学的真实风貌。校园文化贯穿于高校的办学理念和各项规章制度中，且体现在教学及管理的方方面面。

此外，高校党委宣传部在高校精神文明建设中也发挥着舆论引领的作用。党委宣传部通过各类精神文明教育和宣讲活动，对于高校精神文明建设成果进行表彰，以促进高校精神文明建设成果转化为广大教职工工作和学习的动力。党委宣传部对于高校舆情及时洞察，对高校内部的舆论产生了引领作用。在正确的舆论引领之下，广大师生在校园内的行为规范可以得到正确指引。这无论是对学生专业素养的提升，还是学生思想道德素质的提升都将产生积极的正向影响。

三、发挥师生凝聚力，努力构建和谐校园

和谐校园是广大师生工作和学习的环境前提，只有和谐的校园环

境，才能促进学校师生教学效率的提升和文化素养的有效提升。因此，和谐校园是一所大学办学的重要前提。和谐校园氛围的形成离不开校园师生的共建，也离不开学校相关职能部门的联动合力。其中，党委宣传部的另一项重要职责便是在发挥高校师生凝聚力的前提下，努力构建和谐校园，为广大师生营造良好的学习环境和生活环境，切实提高思想政治教育的效果。构建和谐校园也是宣传思想教育管理的一大核心内容。同时，构建和谐校园也是构建社会主义和谐社会的应有之义。

在发挥高校师生的凝聚力，努力构建和谐校园的过程中，党委宣传部主要通过与其他职能部门协同完成，如校团委、工会、学生会等。通过有益于和谐校园构建的一系列主题文体活动的开展，丰富广大师生的业余文化生活。同时对学校正面形象的宣传，也能为学校在社会上赢得良好口碑和声誉。通过创先争优活动评选在和谐校园建设中涌现出的先进典型，并对先进典型给予表彰和宣传，在学校范围内营造努力创先争优的良好氛围。这十分有助于对学生世界观、人生观和价值观的塑造。除此之外，党委宣传部也重视校园社团文化和寝室文化的管理，以引导和推动高校和谐校园建设，发挥党委宣传部的宣传思想教育管理职能。

第二节　思想政治教育教学管理

《中共中央宣传部 教育部关于进一步加强和改进高等学校思想政治理论课的意见》明确指出“高等学校党委要切实负起政治责任，加强对思想政治理论课教学的领导。学校要有一名副书记和一名副校长主管思想政治理论课教学。学校宣传、教务、思想政治理论课教学单位等部门要各负其责，相互配合，共同做好思想政治理论课教育教学工作”，由此可见，高校思想政治理论课建设是思想政治教育的重要途径，党中央对此相当重视。在该意见要求之下，高校思想政治理论课要始终把“培养什么人”“如何培养人”这一重大目标作为出发点和落脚点，建立科学高效的管理体制和运行机制。高校思想政治理论课的教学管理在校党委宣传部和教务处的领导的协同配合下，由高校的马克思主义学院或思想政治理论课教学部共同承担。

一、思想政治教育教学管理的组织机构

高校思想政治教育教学主要依托思想政治理论课程开展，对思想政治理论课程教学的管理机构而言，其课程组织和管理主要通过四个层级进行设定。这四个层级是进行思想政治理论课教学管理的组织体系。

思想政治理论课教学管理的第一个层级是高校思想政治理论课程建设和管理领导小组，组长由学校党委书记担任，副组长通常由分管教学的副校长和分管学生工作的副书记共同担任，组员为思想政治理论课教学科研机构（马克思主义学院或思想政治理论课教学科研部等）负责人及其他相关部门负责人，思想政治理论课程建设和管理领导组成员发挥全面领导、组织、协调、督导的功能。领导组的主要职责如下：第一，领导组根据党中央的教育政策和文件，进行学校思想政治理论课教学管理工作的各项宏观决策。第二，制订思想政治理论课的长期发展规划及年度计划，以及课程建设规划的相关管理制度。第三，领导组负责根据本年度思想政治理论课建设的经验及问题，研判和部署下年度思想政治理论课建设工作计划。第四，领导组在全校范围内整合各类思想政治理论课教学资源以满足思想政治理论课教学需要。第五，领导组定期或不定期召开思想政治理论课工作会议进行工作部署和总结。

思想政治理论课教学管理的第二个层级是校级思想政治理论课教学指导委员会。指导委员会通常由思想政治理论课教学单位专家与教务处相关督导部门专家成员共同承担。其主要职责是：对思想政治理论课教学进行教学指导和督导评价，制定本校思想政治理论课课程评价指标体系。虽然思想政治理论课教学指导委员会对思政理论课教学管理作用较大，但现实中并不是所有高校都设有思想政治理论课教学指导委员会。与马克思主义理论和思想政治教育学科建设、思想政治理论课教学建设、思想政治课队伍建设相关的管理职责由学校马克思主义学院、教务处、科技处、人事处等共同承担。只是现实中这几个机构的协同工作机制学校之间可能存在差异。

思想政治理论课教学管理的第三个层级是独立的思想政治理论课教学科研机构。这是开展马克思主义理论课的载体和平台。其主要职责是：组织实施思想政治理论课教学工作，与此同时承担马克思主义理论与思想政治教育教学类的研究工作，以科研促进教学，切实提高思想政治理论课的教学质量和教学效果。此外，在师资队伍建设方面，同样承担了选拔优秀教师、培养骨干教师的职责。在进行思想政治理论课教学改革的过程中，同样需要机构中的教师和专家进行教学方式方法的改革研究，促进思想政治理论课的高质量开展。最后，马克思主义理论学科建设也发挥着促进思想政治理论课教学改革的作用，通过科研促进教学。

思想政治理论课教学管理的第四个层级是具体负责思想政治理论课教学和教学实践的教研室或课程研究组，其主要职责是具体开展教研活动和课程改革活动。通过教学研究的探索，促进思想政治理论课各门课程教学质量的优化，把握思想政治理论课教学规律，把准思想政治理论课教学改革方向，切实提高思想政治理论课的教学质量。

二、思想政治理论课教学管理的运行机制

在思想政治理论课教学管理的组织机构各司其职的前提之下，思想政治理论课的教学管理体系还建立了一整套运行机制来确保思想政治理论课教学管理的正常运转。

首先，校党委的领导是思想政治理论课教学管理运行机制的前提。校党委在党中央对高校思想政治理论课建设的总体要求下，发挥思想政治理论课程管理的领导职责。校党委通过全面领导组织、协调各方力量、履行督导职责，按照加强和改进思想政治理论课的总体要求，及时解决思想政治理论课建设与发展中遇到的各种问题。校党委领导职责的发挥是思想政治理论课教学管理运行机制的前提。

其次，学校党委宣传部、教务处、人事处各司其职、相互配合，形成合力，这是思想政治理论课教学管理机制的外部支撑。党委宣传部、教务处、人事处等部门各司其职，共同促进思想政治理论课教学管理制度的不断完善和有效运行。思想政治理论课教学管理的领导组成员起到垂范作用，他们深入领会党中央对思想政治理论课建设的相关要求精神，在深入调查和研判的基础上，全面组织和协同工作，整合校内思想政治教育教学资源，保证教学的高质量和有序性。在管理的工作机制中要体现各方的协同参与。教务处负责制定课程管理的相关制度文件，人事处进行干部教师队伍的建设和培养。充分调动教务及师资建设等部门的工作积极性，实行思想政治理论课在教师与专职辅导员及学校党政团干部之间的协同合作机制。发掘学校各类课程的思想政治教育资源，将“课程思政”的理念和实践融入其他课程建设中，为思想政治课程教学效果的发挥提供宝贵资源，让学校各类课程与思想政治理论课形成目标

一致的教育合力。整合校际思想政治理论课教学资源，探索实现同城市同区域高校之间教授互聘、图书及网络资源共享的优势互补的管理机制，探索领导干部进学生课堂的机制，如党政领导干部为学生讲授党课和形势与政策课等机制。

最后，思想政治理论课教学单位（马克思主义学院或思想政治理论课教学科研部等）的教学管理实践是思想政治理论课教学管理机制的核心环节。马克思主义学院负责思想政治理论课程具体教学安排，对课程教学过程的管理、教师队伍管理等承担着直接责任。在对思想政治理论课的理论教学管理的同时，也重视思想政治理论课实践教学的管理，建立学校思想政治理论课实践教学平台、制定本校实践教学实施方案和管理办法，建立和完善实践教学保障机制，深化教育教学效果。

三、思想政治理论课教师队伍建设

教师是推进思想政治理论课教育教学的主体。思想政治理论课教师的主要职责是进行马克思主义理论研究和思想政治理论课教学。因此，对于做好思想政治理论课教师队伍的管理是办好思想政治理论课的重要保障，也是思想政治理论课教学管理的重要组成部分。建设一支政治强、业务精、作风好的教师队伍是发挥思想政治理论课管理工作的重要职责。思想政治教师队伍管理的主体主要在思想政治课教学单位和学校人事部门。培养优秀的思想政治理论课教师、提高思想政治理论课教师整体素质和教学能力是进行思想政治教师队伍建设的核心任务。通过选拔与培训相结合的方式，探索思想政治教师队伍管理的长效机制，是确保思想政治理论课教学活动有序有效开展的关键。

（一）建立思想政治理论课师资队伍建设的长效机制

首先，高校思想政治理论课教师队伍管理的关键是建立师资队伍培养管理的长效机制。通过管理长效机制的建立，来实现不断提高教师的政治素质和业务素质，以及教师的责任感和使命感的目标。在思想政治理论课教学过程中进行教学的广大教师不仅需要精通马克思主义理论相关理论知识，具有相近学科的知识储备，还要掌握马克思主义中国化进程中的最新理论成果，做到“真学、真信、真懂、真用”马克思主义。在深刻把握理论知识的基础上，要结合学生的心理需求和学习方式，将知识体系科学呈现在课堂，贴近学生实际，了解学生的学习需求和学习基础，提高教学艺术和教学能力。使思想政治课课堂更加贴近学生生活，增强思想政治理论课堂的亲和力。

《中共中央宣传部 教育部关于进一步加强和改进高等学校思想政治理论课的意见》要求：“采取脱产进修、攻读学位、名师指导、社会考察、国内外学术交流等措施，力争在 5 年内培训数百名学术带头人和数千名骨干教师。中宣部、教育部负责培训学术带头人，各地宣传部门、教育部门负责培训本地骨干教师，各高等学校负责培训本校教师，形成多层次、多渠道的培训格局。”对此，高校在整体人才队伍建设的规划下要特别重视对思想政治理论课教师队伍的建设。在高校教师的攻读学位、进修、访学、学术会议的资助政策中引入对思想政治教师的专项资助计划。思想政治教师的暑期社会实践考察也成为思想政治教师队伍建设的固定内容。资助思想政治教师参加教育部及其他省级教育主管部门举办的思想政治理论类培训。在学校范围内组织针对思想政治教师专业发展的培训和讲座。讲座内容包含了马克思主义理论知识的学习，也包括了思想政治课教学能力提升的学习。

（二）建立思想政治理论课教师的激励机制

2019 年 3 月 18 日，习近平总书记在学校思想政治理论课教师座谈会上指出，办好思想政治理论课关键在教师。在中国特色社会主义新时代，思想政治课和思想政治教师在增强“四个意识”、坚定“四个自信”、做到“两个维护”方面发挥着不可或缺的作用。正如习近平总书记所强调的，思想政治课是落实立德树人根本任务的关键课程，思想政治教师队伍责任重大，其关键在于发挥教师的积极性、主动性、创造性。这“三性”相互影响、密切相关，都是思想政治教师主体性与教学本质的具体体现。

完善思想政治理论课教师的激励机制是确保思想政治教师发挥积极性、主动性和创造性的根本前提。在此过程中要坚持自我激励与外部激励相结合的原则。其中，外部激励需要通过自我激励转化为思想政治教师的工作动力。因此，在制定各项激励制度时要优先考虑外部激励是否能有效转化为教师的内生动力。从职称评定、学习进修、科研支持、教学创新奖励、薪资待遇等几个方面来完善针对思想政治理论课教师的激励机制。尤其是在思想政治课教学改革方面做出突出贡献、创新教学方法、切实增强思想政治课教学实效的教师给予激励政策倾斜。在各级各类科研项目中，对思想政治理论课及思想政治教师进行专项申报，如从 2019 年开始实施的国家社科基金思想政治课专项课题。这对调动广大思想政治理论课教师的科研积极性，以研促教发挥着重要的激励作用。

（三）增强管理与服务相结合的教师队伍建设模式

在思想政治理论课教学管理过程中，管理与服务需要并重。相关部门既要管理和规约思想政治理论课教师的教学过程，同时也要树立为思想政治教师教学工作服务的意识。因此，相关部门要建立其教师服务制度，了解教师在教学过程中的需求，并且整合学校各方资源，积极帮助教师解决现实问题。如新教师的职业和环境适应问题、人才队伍培养问题、教师的职业压力、教师的职称晋升问题、教师的职业规划问题等。通过加强马克思主义理论学科建设来增强思想政治教师队伍的理论认同感，通过重视思想政治课程，提高思想政治教师的社会地位来增强教师的自我认同感和成就感。这其实是相关部门服务思想政治课程建设，服务于思想政治教师队伍建设的现实体现。通过管理与服务相结合的方式，提高思想政治理论课教师教学水平，调动广大思想政治理论课教师的教学积极性。

四、思想政治理论课教学质量评价机制

进入 21 世纪，我国高等教育事业发展已经从单纯的数量扩张向数量与质量并举，强调质量提升转变。保障和提升高等教育教学质量逐渐从高校使命上升为一种国家意志，尤其作为国家课程的思想政治理论课，对其质量的把控更是如此。在思想政治理论课教学过程中质量评价是思想政治课教学管理的重要环节。教学管理的最终目标是提高思想政治教师队伍的整体质量和教学水平，要保证思想政治课教学目标的顺利实现。思想政治理论课的教学质量评价是一大重点同时也是一个难题。高校思想政治理论课是以马克思主义理论学科知识和理论知识为基础建立起来的课程。在理论学习的基础上注重培养学生的价值观念和行为自觉。因此，思想政治理论课的教学目标是将理论知识“内化于心，外化于行”：将马克思主义理论知识内化为学生的价值观念，外化为学生的行为习惯。

思想政治理论课的特殊性决定其评价过程的特殊性。对思想政治理

论课的教学评价应当贯穿于教学活动的全过程。其中，对思想政治理论课教师的评价应当从专家督导评价、同行评价、学生评价和自我评价几个方面展开。对学生的学习评价要将定性考评与定量考评相结合，将形成性评价与综合性评价相结合，将理论教学考试与社会实践考察相结合，将学生的理论知识学习成果与对其行为养成的评价相结合，将学生个人考核与团队（学习小组）整体考核相结合等，力求全面、客观反映大学生的马克思主义理论素养和道德品质。思想政治理论课教学质量的评价需要建立在科学合理的评价指标体系之上。各级指标体系的设定、权重的确立、评价主体的多元化、评价内容的科学化都是思想政治理论课教学评价的重要内容。教学评价需要真正落到实处，不能流于形式。在此基础上建立科学的长效评价机制，切实提高思想政治理论课教学质量。

第三节　思想政治教育活动管理

思想政治教育活动管理主要由校团委、学工部等部门承担。通过开展多种形式的思想政治教育类活动来实现思想政治教育活动管理。运用学生喜闻乐见的沟通形式，增强思想政治教育内容的生动性和可接受性。

一、校团委在思想政治教育活动管理中的职责

高校思想政治教育活动管理的工作实质是马克思主义理论教育与大学生理想信念教育在校园活动中的集中体现。因此，通过校园活动对学

生的价值观念和理想信念进行塑造是思想政治教育活动管理的重要职责。

校团委作为负责学校共青团工作的职能部门。其主要职责包括：根据上级团委和学校党委的工作部署和要求，结合学校实际，制订共青团的工作计划；定期召开团代会、团委和学院团总支书记会议；发现和了解学生思想倾向的问题，配合党的中心任务加强团员、青年的思想政治工作，部署全校共青团员的思想教育、民主评议等工作。指导基层团组织开展政治学习活动和组织青年教职工的工作，配合学校有关部门搞好青年教职工的思想教育、文化学习和文体活动等。关心和保障团员的正当权益，向上级和有关部门反映团员的意见和要求；抓好共青团的组织建设，健全共青团的规章制度，做好共青团的各项组织关系的接转手续和团员证的学年注册手续；抓好新团员的发展工作，负责办理团员超龄离团的手续；组织开展创先争优活动。依据上级有关规定，负责全校团员团费的收缴、管理、使用等工作。配合党委组织部做好学生的党建工作，协助党委办好学生业余党校，做好推荐优秀团员入党工作；负责指导团总支、学生会在职权范围内独立负责地开展各项工作；负责院级学生干部的任免、考查、培训、管理等工作；负责院级以下各类学生干部的备案工作；做好共青团的宣传工作，把握正确的政治方向。负责学生社团的日常管理工作；做好社团的对外联络工作，负责团委一级的文书档案工作等。努力搞好团委主办刊物的编辑发行，提高办刊质量，做好学校广播站的管理工作。会同有关部门做好校园文化的建设工作，保证校园文化的健康发展。

在校团委的工作职责中与思想政治教育活动管理密切相关的职责主要体现在校园文化建设和学生社团日常管理工作过程中。校园文化建设以学校母体文化为背景，学生在校园中学习和生活，首先应当明确校园文化的精神内核和文化特色。校团委在进行校园文化建设过程中应当体现以学生为中心的理念。以学生为中心，构建良好的校园文化建设氛围。在此基础上，相应硬件设施和配套服务机制要与之配合，保证校园文化建设的顺利实施。校园文化建设过程要立足于师生的现实需求，在校园文化活动开展过程中，体现校团委的宏观指导，体现广大师生的主动性发挥。校团委引导师生开展形式多样的校园文化活动，以此来对广大师生进行基于校园文化建设的思想政治教育活动。

二、学工部在思想政治教育活动管理中的职责

学工部是在高校党委直接领导下开展大学生思想政治教育的部门，主要负责全院学生的思想政治教育、德育教育、法纪教育、学生党员教育管理等工作。

学工部是学院学生思想教育活动管理的职能部门。其主要职责主要有：负责全院学生的思想教育，遵循学生的成长成才规律，根据上级和学校的要求，对全院学生开展思想教育工作；深入了解和掌握学生的思想动态、学习、生活状况，负责学院的学生稳定工作和突发事件的防范工作；负责抓好学生德育考评工作、奖学金评定工作、先进集体与先进个人的评选及表彰工作；负责全院学生的校风、学风建设，负责校规校纪和安全教育，负责对学生的违纪处罚与帮教工作；会同有关部门负责招生宣传工作，组织落实新生接待、入学教育、军训等工作；负责学院专兼职辅导员的业务培训、工作指导和聘用考核；负责学生心理健康教育与指导工作，配合有关部门做好学生的心理咨询、心理健康教育、建立学生心理健康档案等工作；负责学生宿舍的管理工作，按照统一的标准开展“十佳”宿舍创建、评比、奖惩等活动。强化学生公寓的育人

功能；配合院分团委开展学生课外科技学术活动、科技创新活动、社会实践活动、校园文化活动和勤工助学活动；分年级、分专业做好就业指导教育等。

第四节 日常行为养成教育管理

高校思想政治教育的日常行为养成教育管理主要由高校的学生工作部（简称学工部）承担。对高校学工部而言，对学生进行日常行为养成管理是其基本职责。学工部在学生日常行为养成教育管理中大体包括以下四个方面。

一、发挥学生日常行为养成教育的育人功能

高校对学生进行思想政治教育是学工部的重要工作，而学生日常行为的养成教育是高校学生思想政治工作的重要组成部分和核心内容。在学生日常行为养成教育管理的工作中，学工部通过以下方式开展管理工作：第一，学工部配合学校党委组织部策划和拓展思想道德教育类显性课程之外的隐性课程或活动；第二，为学生提供道德素质教育和党性教育等形式多样的教辅活动；第三，运用校园文化载体，通过校园文化周、大学仪式典礼等活动，启迪学生自我修养的形成和价值观念的塑造。学工部在发挥学生日常行为养成教育的育人功能中，切实从学生实际出发，努力营造健康向上的育人环境，为社会培养有道德、有修为、有理想、有追求的时代新人。

二、发挥学生日常行为养成教育的导向功能

导向功能同样是学工部在对学生进行日常行为养成教育的重要功能。由于大学生的社会阅历尚不够丰富，大学期间是对学生进行价值引领的重要时期，学生在此阶段通过学习不断形成正确的理想信念，学工部作为高校党委的职能部门，在育人过程中要注重向学生进行直接或间接的理想信念教育、奋斗目标教育和行为规范教育等。通过学校范围内的主题教育活动、班会、社会活动等对广大学生的思想意识和社会行为进行引导和规约。特别是对那些有偏离既定培养目标、思想行为发生偏差的学生，做到及时发现和纠正。由此，将学生的日常行为规范和理想信念引入正确发展方向。在此过程中，学工部发挥了学生日常行为教育管理的导向功能。对于学生世界观、人生观、价值观的方向性把握问题提供正确指导。这实际也贯彻和体现了国家、学校对学生进行思想政治教育管理的价值导向。

三、发挥学生日常行为养成教育的凝聚功能

一个政党能否巩固住自己的执政地位，关键在于能否最大限度地得到广大人民群众的拥护和支持。学工部在对学生进行日常行为养成教育管理中特别重视对学生党员开展各类党性教育实践活动。通过这些活动既能有效加强广大学生党员的先进性建设，也能保持我党对广大青年学生深入持久的吸引力，发挥广大青年学生党员的表率和示范作用。通过在学生党员中开展各类党性教育实践活动，以促进党员同学与非党员同学形成良好的互助关系。通过党员同学的带动作用，提高整个校园的学

习和文化氛围，形成良好向上的校风校纪，对全体同学起到凝心聚力的作用。因此，高校学工部也发挥了学生日常行为养成的凝聚功能。

四、发挥学生日常行为养成教育的服务功能

学工部的工作对象是全校大学生，一切工作的目的和宗旨都是促使学生成长成才。学工部的工作内容和特点包括：易于搭建学生活动平台，如学生会、社团等，将党建工作推进班级、宿舍、社团、社区等，精心组织和筹划关于学生学习、生活、素质拓展、求职就业、社区服务、结对帮扶等方面的活动，将各类活动延伸到每一个学生及其学习生活的每一个角落，引导和培养学生的服务意识，提高他们“自我教育、自我管理、自我服务、自我约束”的能力。这实际上是学工部在发挥学生日常行为养成教育的服务功能。

第五节 安全稳定教育管理

安全稳定教育管理是高校思想政治教育管理的又一重要组成部分。高校的安全稳定事关整个国家的稳定和社会的长治久安。党的十八大以来，国家安全思想被阐释为“总体国家安全观”。在这一思想的指导之下，全国范围内开展了多种形式的“国家安全教育日”教育活动，将国家安全的重视提到了前所未有的高度。高校作为培养高质量人才的重要场所，其安全稳定问题尤为突出。高校的安全问题包括了传统安全和非传统安全问题两类。高校的安全稳定教育包含了人身安全教育、国家安全教育、网络安全教育、意识形态安全教育等。高校的安全问题实则是

社会安全的重要组成部分，也是社会安全在高校这个区域的反映。随着社会的发展和科技水平的不断进步，尤其是网络的普及，高校的安全稳定工作也面临着前所未有的挑战。

一、高校安全稳定教育管理的现状

党的十九大以来，中国特色社会主义进入新时代。在新时代之下，我国所面临的国内外环境空前复杂。中国在国际地位逐渐提升，逐渐走向世界舞台中央的同时，也面临着前所未有的挑战。面对着西方国家设下的“修昔底德陷阱”“历史周期律”等陷阱，我们需要认清形势去跨越它们。面对着国际秩序和国际政治格局的复杂多变，网络技术的不断发展，这其实是为高校安全稳定教育工作提供了契机也提出了挑战。在世界多极化、社会信息化、自身开放化等多重变革中，高校面临的挑战与日俱增。高校作为培养高层次人才的场所，在人才培养的过程中尤其对于非传统安全教育管理更为突出。面对着文化多样化和经济全球化的时代背景，对于境外敌对势力的意识形态和文化霸权对学生的渗透问题，以及如何去化解和克服，这是摆在高校安全稳定教育工作面前的重要任务。

高校思想政治教育管理中的安全稳定教育更多是体现在校园非传统安全方面。高校进行安全稳定教育的机构主要由学校的安全管理处（安管处）或保卫处承担。而非传统安全教育则是需要形成各个机构和部门的教育合力才能实现。目前，我国高校安全稳定教育工作受制于环境的复杂性和技术的挑战性，校园安全稳定教育工作整体仍然处于新形势下的摸索前进阶段。第一，在高校安全稳定教育的实施过程中，大部分高校还仅限于新生入学时的安全知识讲座，还没有形成涵盖大学生生活的完整的安全教育课程体系。第二，高校安管处或保卫处的工作人员虽部分有专业的知识，但也有部分员工缺乏专业理论教育和实践操作机会。因此，在安全事件发生后，无法有效应对。给学生进行的安全交接更多停留在传统安全教育，如火灾防护、意外伤害防护、传统诈骗应对等方面。对于其他方面的安全防护知识较为欠缺。第三，高校大学生自身的法律意识和自我保护意识不足也是影响高校安全稳定的一项重要因素。大学生的自我保护意识和防护意识是在大学阶段逐渐形成的。但对于刚入学不久的学生在自我保护意识方面较为欠缺，由此影响了高校安全稳定教育的实施。第四，随着网络的普及，许多通过网络危害高校安全稳定的事件时有发生，但目前高校除了专门的网络管理人员比较精通网络之外，安管处的许多工作人员对于网络技术并不十分精通，这也不利于网络安全教育的开展。

二、高校安全稳定教育管理的职责

高校安全稳定教育管理主要由高校安管处或保卫处承担，在此基础上依赖于学校各职能部门的通力协作，将安全稳定教育管理的各项规章制度落到实处，共同构建高校安全稳定教育管理的长效机制。高校安全稳定教育管理的职责主要体现在如下三个方面。

（一）排查和把控校园安全稳定状况和潜在隐患

首先，高校安全稳定教育管理的第一重职责是排查和把控校园安全稳定整体状况和潜在隐患。对高校安全稳定的整体状况和潜在隐患的评估，需要建立在风险分析、预测和预警的基础之上，制定相关应对和防护措施。在防患于未然的前提下，制定有可能存在的风险的应对方案，从而减少安全稳定隐患的社会危害性。安全稳定教育管理的这项职责实施是对安全稳定形势所做出的科学评估。这一评估体系包括了确立评估范围、建立评估标准、确定评估内容、构建评估指标、确立评估方案、完成评估分析和撰写评估报告整个过程。

（二）建立安全稳定教育管理联动机制

建立与相关机构的安全稳定教育管理联动机制是高校安全稳定教育管理的第二重职责。不仅要探索学校内部机构间的协同联动，而且还要探索与校外安保机构的协同联动。校内的协同联动机构包含了学校学工部、学生社团、宿舍管理部门等。校外可以探索与公安机关之间的联动教育管理机制，提升高校保卫工作水平。由公安机关和警校与学校安管处协同维护校园安全稳定，营造和谐的校园氛围。从制度上搭建与相关机构部门联动合作的工作机制；定期对学校安管处工作人员进行专业安全稳定培训；调动高校师生的学习积极性，各方联动加强对教职工和学生的安全教育，通过丰富多样的安全稳定宣传资料，丰富安全稳定教育形式；在校园巡查的过程中，也要体现高校与公安部门的联合巡查，对发现的问题进行及时沟通。

（三）构建校内安全稳定教育管理运行机制

建立校内安全稳定教育管理的运行机制是高校安全稳定教育管理的实现途径。在联动协作的指导思想下，学工部可以针对学生组织安全教育培训；教务处为安全教育教学制订计划，探索安全稳定教育与现行课程体系的融合；辅导员和班主任利用班会等活动关注学生动态，结合身边出现的安全隐患和安全事件，不定期进行安全稳定教育；安管处及时做好校园及周边治安工作；后勤集团和宿管中心为师生营造好安全、卫生的饮食和住宿环境。对于突发安全事件，做好应急预案。细化安全稳定部门责任分工，确保各项工作落到实处，责任到人；开展应急演练活动，提高队伍的理论素质和实践技能；提供安全稳定工作的信息、人员、物资和资金保障。建立应急知识科普库，利用宣传告示栏和网络媒体等普及应急知识，增强安全技能。

高校的安全稳定教育不仅是安管处或保卫处的职责，而且需要各方共同联动，才能达到创建稳定和谐校园的目标。面对着日益复杂的国内环境，高校的安全稳定教育责任重大。让学生了解“互联网+”的时代意蕴，明确其在世界观、人生观和价值观树立过程中产生的影响和挑战。进而从操作层面上帮助大学生提高安全意识，应对互联网对大学生学习和生活的影响和挑战。国务院印发了《关于积极推进“互联网+”行动的指导意见》（以下简称《指导意见》），《指导意见》的贯彻和实施标志着教育进入了“互联网+”的新常态。主动顺应新常态，积极应对“互联网+”对大学生网络安全稳定教育带来的机遇和挑战，构建高校安全稳定教育的长效机制，既是高校育人工作的崭新课题，也是高校思想政治教育的必然选择。

第六节 网络思想政治教育管理

高校网络思想政治教育管理的职责主要由学校网络部（或网络信息中心）承担。为了提高高校网络思想政治教育管理的实效性，学校网络部在明确各管理要素的相互联系的基础上，形成了功能完善的管理系统。为高校思想政治教育管理提供网络平台支持。在管理过程中，明确高校网络思想政治教育的管理机构、管理对象、管理职责、管理内容和管理方法。高校网络思想政治教育管理是确保高校思想政治教育目标的重要保障。

一、依托校园网，搭建网络技术管理平台

校园网是高校网络思想政治教育管理的重要载体。搭建高校网络思想政治教育的网络技术平台是网络思想政治教育管理的重要依托。网络技术平台在整个网络思想政治教育管理系统中处于基础性地位。校园网络技术平台采取各种技术手段和管理措施维护校园网络信息系统。首先，搭建网络技术管理平台需要建立网络管理制度。网络管理制度需要建立在网络发展规律的基础上。网络规章制度作为高校校园网络安全管理的一项核心内容，需要贯穿于高校网络思想政治教育管理工作的全过程。具体的实施过程如下：确定安全管理等级和安全管理范围；制定网络操作使用规程；建立网络人员管理制度；学校 BBS 实名制、严格把好用户注册关和发布信息关；确保网络信息有源可查等。其次，建立和完善网络技术管理。在当前，高校校园网络容易受到内部或外部的恶意攻击和破坏、非法修改网络配置活动以及反动、黄色信息传播等威胁，因此要加强网络技术管理：如防火墙技术、入侵检测技术、防病毒技术及安全审计技术等。最后，网络技术人员管理。在网络安全技术安全中，要加强对网络技术管理人员的安全防范意识，要求网络技术管理人员分工明确，职责清晰。用户管理、密码管理、权限管理都有专人负责，确保网络信息安全。加强网络技术人员的学习和培训，努力提升管理水平。

二、提倡部门合作，建立网络管理协同机制

开展高校网络思想政治教育需要多部门共同组织、相互协作、共同完成。相关部门形成管理合力，实现“整体功能大于部分功能之和”。所谓协同，即合理配置、协调、联合调动所有的力量及活动。通过这种协调手段，指导人们的行动能够追求共同的目标。高校网络思想政治教育管理协同机制是指高校网络思想政治教育管理主体为了发挥高校网络思想政治教育组织的整体功能，在高校内部建立起来调解和联合高校网络思想政治教育组织。高校网络思想政治教育管理协同机制主要包括组织协同和职责协同。其中，组织协同是指由学工部、党委宣传部、网络信息中心、各学院学生工作处等部门相互协作，共同承担高校网络思想政治教育管理的职责；职责协同是指通过机构间的合作会议，各机构交流意见、讨论对策、达成共识。

三、应对网络舆情，建立网络监控机制

网络是一把双刃剑，它给高校网络思想政治教育既带来了机遇也带来了挑战。在享受高校网络思想政治教育给予的便捷的同时，更需要警惕网络带来的负面影响。当出现网络舆情时，高校要实现尽快平息舆情，引导网络舆情。在此过程中，十分有必要建立高校网络思想政治教育管理的监控机制。高校网络思想政治教育管理的监控机制，是指高校网络思想政治教育管理主体为了保证高校网络思想政治教育活动的顺利开展，创建安全和谐的高校网络思想政治教育环境，对网络舆论进行监测并且采取措施进行引导。这将有利于将社会主义核心价值观融入网

络，提高高校思想政治教育管理的实效性。

高校网络思想政治教育管理监控机制主要包括：网络舆论收集、网络舆论预警、网络舆论处理。其中，网络舆论收集就是由专人负责网络舆论收集工作，包括对网内网站、学校论坛、微博、微信、QQ 群等网络媒介的信息收集，以便及时掌握网络舆论动向。网络舆论预警就是指要完善舆情等级划分制度，将舆情性质、危害程度、涉及范围等进行分级，及时对网络舆情的来源、趋势进行准确预判和科学的分析，及时预警，以便确定舆情等级，开展网络舆论引导工作。网络舆论处理，是指高校主动发声，抢占舆论高地，牢牢掌握舆论引导的领导权。面对网络舆情，尊重公众知晓权，满足公众对事情真相的探究，同时要及时发布处理结果，以提升学校的形象和公信力。

第六章

大学生思想政治教育过程管理

第一节　大学生思想政治教育计划管理

我们很多人可能都看过郎咸平的一本书：《谁谋杀了中国经济》。在书中，经济学家郎咸平讲到了为什么甲骨文公司在成立短短几年内就连续推出三版的数据库系统，把该行业内的老牌竞争对手 IBM 公司远远甩在后头，其实它的研发过程应用的撒手锏就是“过程管理”，即将开发过程细分为一道道工序，严把每道工序关。每道工序都做好了，自然就会产生好的结果，然后在对相关工序进行改进便推出相应的升级版本。

过程管理是什么，我们以大厨炒菜为例，把鱼香肉丝炒到让顾客满意的程度就叫目标管理，至于大厨炒菜的方法我们不关注。而如果把大厨炒菜的步骤分为 20 道工序：第一道切葱花，第二道切肉丝……第十八道倒入 2 勺酱油，第十九道温度升到 300 度，第二十道炒三下，不好吃，就重调工序，如第二、五、八道工序，那么经过多次调整之后，第 100 次终于炒出跟大厨炒得一样好吃的鱼香肉丝。在这个流程的要求下，葱花长度必须是 1.1 厘米，肉丝的长度必须是 1.3 厘米等，以后按照这个流程去炒，必然能炒出好吃的鱼香肉丝。这就是过程管理，这个过程管理其实就是计划管理。

大学的根本任务是立德树人，这一目标也是国家意志和核心价值观念的反映，体现了国家对于人才培养的基本要求，规定了受教育者在思想、道德和政治素养等方面需要达到的标准和要求。目标代表了方向，强化目标的引领作用，能够确保大学生保持正确的价值观念，坚持社会主义的方向不动摇。在开展大学生思想政治教育的工作过程中，各高校一般都会根据教育部或所在省市教育主管部门的工作要求，结合自身工作实际，制订相应的工作计划，以保障本校大学生思想政治教育工作科学有效开展。但在计划制订、实际操作和实施环节，往往出现设计不科学、可操作性不强以及贯彻执行不到位或跑偏走样等情况。因此，要保证大学生思想政治教育工作计划的科学性和合理性以及能够有效贯彻和实施，就需要对大学生思想政治教育工作计划的制订和贯彻执行情况进行监督检查，加强对大学生思想政治教育计划的管理。

一、当前大学生思想政治教育计划管理存在的问题

虽然，高校思想政治教育学科的发展已有二十多年的时间，但本应与其同步发展的高校思想政治教育管理实践，在近几年才渐入正轨。当前，高校大学生思想政治教育计划管理中还存在一些问题和不足，重点表现在以下三个方面。

（一）管理目标笼统

当前，各高校大学生思想政治教育的目标依据是《全日制大学生

学思想政治课教学大纲》《关于进一步加强和改进大学生思想政治教育的意见》和《国家中长期教育改革和发展规划纲要（2010—2020年）》等相关文件，按照文件规定，大学的思想政治教育计划的管理，应在育人目标上有更高的标准：大学生思想政治教育计划管理的目标是党委政工干部、群团干部、思想政治理论教师等综合运用各种科学化的管理办法，不断提升大学生的思想政治素质。长期以来，我国的思想政治教育秉承自上而下宣教式的管理方法，这种方式在一定程度上取得了一定的成效。但是，随着高等教育事业的快速发展和多元意识形态的相互碰撞，思想政治教育计划管理的战略定位不明确，理论认识跟不上时代发展，并且在实践上缺乏较为成功的经验（单就大学层面），这使得思想政治教育计划管理的时效性难以达成。

（二）工作缺乏规范性

当前，我国许多高校大学生思想政治教育计划管理类似于事后监督，同步介入深度不够，缺乏有序的组织协调，随意性强，有的还停留在看汇报材料、开会发新闻等层面，有的针对有关问题的管理存在避重就轻的现象，这不仅仅影响了高校大学生思想政治教育计划的有效贯彻执行，更严重削弱了大学生思想政治教育的效果，是当前我们亟待解决的问题之一。目前各高校更多的是将大学生思想政治教育的计划自上而下地从校方意志传递到院系和职能部门意志，是一种行政命令式的要求，而大学生群体处于被动接收的状态。这种体制“平衡”牵一发而动全身，因此很少有人希望这种“平衡”被打破，这使得计划管理的目标稳定有余、弹性不足，滞后性明显。

（三）工作缺乏协调性

党和国家对大学生群体寄予厚望，大学生思想政治教育计划管理的设置与规定，首先是为了提升大学生的政治素养。因此对大学生的思想政治教育计划管理工作必须不能松懈。当前，高校在开展思想政治教育计划管理时，没有形成全校一盘棋，职能部门、学工系统、院系以及专任教师和辅导员没有有机协调联动，存在各自为战的现象。相关职能部门在制订完工作计划后，下发给全校要求贯彻落实，至于贯彻落实情况怎么样，过程中缺乏检查；相关学院也都是按照各自的工作安排，和学校的要求，把好落实的工作融入学院工作计划，但执行起来有的也不扎实，浮于表面，不好落实的就直接绕过去；相关辅导员，在贯彻落实学校要求的过程中，每个人的理解程度不一样，学校又没有专门负责解释的部门，只能跟着感觉走，结果很难达到理想的效果。因此，要发挥大学生思想政治教育计划管理的最大效用，就必须全校一盘棋，协调联动，特别要充分发挥两个主体——教育者与受教育者双方的积极性。相关院系、职能部门与教师不能仅仅为了完成任务而忽视学生的实际需要，与大学生思想政治教育根本任务相脱节。管理者要确立新的管理理念，管理就是服务，而不是刚性的压制，现代管理首先是对资源（人、财、物）的合理配置。现代管理更是一种服务意识，高校要服务好广大大学生群体，必须首先认识到他们的主体地位，这样才能真正实现大学生自由而全面的发展，实现中国特色社会主义发展。

二、大学生思想政治教育计划管理必须坚持的基本原则

大学生思想政治教育计划目标的确立，要牢牢把握当前党和国家的核心思想和政治路线。党的十八大以来，我国确立了社会主义核心价值观，对大学生的思想道德和政治素养提出了明确要求，教育目标的确立要根据核心价值观念，并结合当前我国大学生的群体特征和高校自身实

际，制定明确具体的教育目标。在制定教育目标的过程中应坚持以下原则。

（一）政治性原则

坚持政治性，就是坚持方向性。大学生思想政治教育是党和国家思想政治工作的重要组成部分，大学生是党和国家宝贵的人才资源，加强大学生思想政治教育、提高大学生思想政治素质的重要意义不必赘述。因此，在大学生思想政治教育计划管理科学化的路径选择方面必须要坚持政治性原则，要着眼党和国家的教育方针，以及对于人才培养的素质要求，把贯彻落实党和国家对大学生思想政治教育的目标和规格要求体现在路径的选择上，这样才能保证科学化沿着正确的方向发展，才不会走弯路。

（二）整体性原则

与系统一样，路径也是若干条实现方法组成的集合体。大学生思想政治教育计划管理是一项系统工程，涉及方方面面，不仅有课内课外，而且有校内校外，不仅有理论，而且有实践，是一个系统庞大的体系。因此，在选择路径的问题上，在开展定期和不定期检查的基础上，还必须坚持整体性原则，要站在全局和整体的高度，总体把控，分阶段部署、研究和修正，还要抓住关键环节，分项细化管理，确保大学生思想政治教育沿着正确的方向前进。同时，各条路径也存在相互支持、相互配合的问题，各自从不同的支撑点共同推动大学生思想政治教育计划管理的科学化，动员各方力量参与其中，形成整体合力。

（三）操作性原则

大学生思想政治教育计划管理要注重其是否具有现实可操作性，因此，在选择路径时，既要坚持政治性原则、整体性原则，更要坚持操作性原则。路径的选择要具有指导性和现实性，要围绕目标的达成或提升，制定具有可操作性的工作方案，避免脱离实际的现象。坚持这种原则选取的路径，才能更加符合客观实际，在实际工作中才能发挥更大的功效，对于实现大学生思想政治教育科学化才能更具针对性。

三、健全大学生思想政治教育计划管理运行机制

为确保大学生思想政治教育工作的科学性和规范性展开，各高校都成立了大学生思想政治教育领导小组，一般由党委书记亲自挂帅，并将与大学生思想政治教育相关的部门纳入其中，努力形成各部门齐抓共管的工作合力。其次，我们可以进一步强化发挥工作组的作用，以确保计划的有效贯彻和实施。

（一）加强组织领导

各高校要从战略和全局的高度，始终把“培养什么人，如何培养人”这一重大课题提上重要议事日程，认真研究科学制订工作计划，并注重加强管理。为发挥党的领导作用，各高校的大学生思想政治教育领导小组，一般由党委书记亲自挂帅，坚持党委对大学生思想政治教育的统一领导，制订思想政治教育的总体规划，分阶段分析研究大学生思想政治教育计划执行过程中的工作运行状况，及时对大学生思想政治教育计划执行过程中出现的问题进行分析和研究，确保教育计划的贯彻落实和实施。高校的校长应充分发挥自身独特的影响力，切实转变管理观念，积极参与进来。同时，推进院（系）一级党政领导体制改革，切实改变思想教育计划管理工作在高校院（系）工作中的从属地位。进一步理顺关系，实现高校院（系）党政工作齐头并进。在体制和分工

上，建立和完善党政联席会议，党政工作要交叉融合，不可偏废，院（系）行政负责人要参与党建与思想政治工作，既负责学生的思想教育工作，又从事与学生有关的事务性工作，切实改变思想教育计划管理工作在院系工作中从属地位的现状。

（二）整合校内力量

实际工作中要把对大学生思想政治教育计划的管理与学校的教学、科研、后勤、社会服务工作有机结合起来。行政部门要发挥自身优势，要明确各自在大学生思想政治教育计划管理工作中的责任，密切协作，积极在党委的集中领导下开展工作。要重点研究解决影响大学生成长和切身利益的各种实际问题，把思想政治教育的各项任务落到实处。思想政治教育管理干部队伍、辅导员队伍和思想政治理论课教师队伍要发挥专职思想政治教育队伍的职责，同时要联合兼职教师队伍一起，共同组织做好大学生思想政治教育工作。党团组织要发挥政治优势和组织优势，积极联系广大学生。学生作为独立个体，要发挥自我教育、自我管理的作用。各个方面力量要严格按照学校制定的大学生思想政治教育计划管理方案，认真抓好落实，形成整体合力。

（三）充分动员社会力量

在动员校内有关管理部门力量开展大学生思想政治教育计划管理工作的同时，要充分发挥社会、家庭、学校团组织、学生会、班委会及学生本人等各方面的力量，积极投入到大学生思想政治教育计划管理工作中来，努力构建一个多层次、多侧面、全方位、立体化、网络式的教育计划管理网，形成全校各部门和全体师生共同参与的思想政治教育计划管理新格局。

大学生思想政治教育计划管理工作，是一项系统而又复杂的体系，要定期开展信息收集工作，根据形势的发展和工作的开展情况，研究工作中存在的问题和不足，及时修订方案，还要动员校内校外各方力量，积极参与进来，明确职责分工，又通力协作，确保工作科学有效开展。

第二节　大学生思想政治教育实施管理

汪中求在他的《细节决定成败》一书中讲道："中国决不缺少雄韬伟略的战略家，缺少的是精益求精的执行者；决不缺少各类管理制度，缺少的是对规章条款不折不扣的执行。"制度制定得再好，要是执行和落实得不到位，再好再科学的制度也发挥不出自己应有的作用。精细化管理强调执行力和绩效，建设一批具有职业化、专业化、知识化的高素质思想政治教育队伍是提高大学生思想政治教育执行力的重要保障。高校党政干部和共青团干部、思想政治理论课和哲学社会科学课教师、辅导员和班主任，是大学生思想政治教育工作队伍的主体，是专职人员，是加强和改进思想政治教育的组织保证。

一、大学生思想政治教育实施管理存在的问题

（一）管理准则执行乏力

大学生思想政治教育管理的准则是思想政治教育管理活动的过程中所必须遵循的规矩、准绳、规范。贯穿于思想政治教育管理的全过程，指导管理和约束规范思想政治教育管理工作。大学生思想政治教育管理在准则运用和要求上相当严格，要求教育者对教育对象按照既定的准

则，运用语言的权利，在教育的过程中传播，在实践中遵循的所谓准则是指主体在运行过程中需要实现的目的功能。大学生思想政治教育话语的规范要求运用教育者的话语权力，对大学生思想素质、道德品质、心理健康和理想信念等多方面进行约束。

当前在大学生思想政治教育实施过程中，存在管理准则与时代要求不相符的问题，对大学生的要求有制度上的缺失，以及与大学的相关配套设施不吻合，使得无法保证规范制度实施的完整性进而导致了规范实施缺乏执行性。与此同时，大学生思想政治教育管理准则从无到有，从发展到规范大多来自实际的需要，但也存在规范过于繁杂与紧密的问题。对规范的过度相信和遵循，在大学生思想政治教育管理过程中会导致盲目的追求规范至上，规范规定得越来越细致具体，但管理的环节协调性差，在很多的教学与行政管理领域存在重复性，使得权责不明确，责任划分不清晰，形成规范中各个部门都有责任的局面，但实际管理系统中相关要素互相扯皮，管理准则缺乏实效性。

大学生思想政治教育管理中准则的执行力差，使得管理者会认为规范少，而很少在执行力上找原因，在管理过程中用规范的数量和刚性来弥补执行中的欠缺，很少认真考虑规章制度在执行中是否贴近学生的学习和生活，是否符合实际，是否符合时代的发展特征，是否对学生的志趣有激励作用。最后形成规范越来越多的局面，恶性循环让规范执行更加尴尬，执行力这一最关键的环节却被边缘化，只能使得规范流于形式，成为一纸空文。

（二）管理方式单一

大学生思想政治教育实施过程管理的方法，是整合大学中一切与思想政治教育管理相关的资源，做到合理化的协调控制、组织管理，在思想政治教育管理过程中，为达到管理的最优化的目标而采取的各项方法和措施。只有运用合理的手段和方法才可能收到预期甚至更好的管理效果，同时也为管理目标的实现提供强有力的保障。目前大学生思想政治教育实施过程的管理方式比较单一，具体表现在以下两个方面。

第一，以课堂教学为主，主要的党政方针有辅导员教师针对性地进行个别谈话了解情况，各样专题报告会、座谈会、联欢会、辩论会、志愿者服务活动、各地进行参观访问等当面性的交流方式。这种自然而传统的主导方法，让大学生觉得亲切和谐，能让教育者第一时间感受到学生的思想动态、行为举止、人际关系的和谐性。但这种管理方法时间战线长、不能不间断地重复地获得信息，只能在无形中默默地收获成效。教育者在这样的单一方式的熏陶下很容易变得思想保守、观念陈旧，抵触新事物，过分地强调精神作用，在大学里思想政治教育管理中不善于运用符合时代的声音去说服学生的内心，对学生的启发仅仅停留在表面，没有心理上持久的共鸣，换句话说就是缺乏以人为本、实事求是、对症下药的方法创新。

第二，大学生思想政治教育管理主要是通过传统刻板的行政方式，例如：下发文件、学校工作条例的制定、各项规章制度的下达、行政会议的如期召开、各项教学活动学生活动的检查评比。这些手段具有必须实行的特征，但实际中不仅是各种资源的浪费，更不符合信息时代学生自主学习生活的节奏。这种脱轨的管理模式受主观限制严重，缺乏管理与服务相统一的理念，管理方法墨守成规，不求改变，强调对规定的强制性服从，不重视学生在新时代所具备的新特点与个性化性格特点。往往就是敷衍了事，也不注重大学生对自身发展管理的能动性作用，学生自我管理、自我提高、自我完善、自我发展的能力不足，使得大学生思想政治教育管理的效果不理想。

（三）管理信息机制不健全

我国现行的大学生思想政治教育管理信息机制总体上能满足大学生的需求，但依然存在很多的不足，主要表现在以下四个方面。

第一，在信息收集方面，列宁说过，我们需要的是完整而真实性的情报，其真实性不应依它为谁服务而发生变化。只有通过多方面信息的收集才能了解更多、更真实的实际情况，但是现在信息收集的方法单一、落后，不能满足学生发展的需要。收集人员不够专业导致教育信息管理机制运行中，收集的信息不够健全，更多的是收集自上而下的信息、忽视自下而上的信息，这样容易产生消极影响，不利于思想政治教育工作进一步开展。有些道听途说、断章取义进而影响下一步的决策，缺乏对人的思想动态化的把握，使得信息收集不够及时有效。

第二，在信息加工过程当中有些工作人员缺乏专业知识，注重传统方法的加工，重学术性研究、轻实践的开发运用，重线索、轻实际运用，这样在人力、物力的投入与产生的教育实效性对比中有很大落差。

第三，在信息的传播中采用居高临下、训导式的方式，忽视了学生选择信息上具有明显的现实性追求。更重要的是主要发挥传播者的指导作用，而忽视了接收信息的大学生的主观能动性。

第四，在信息反馈的过程中，经过的渠道不顺畅，经过的层次特别繁多，使得反应迟缓，只要某个层次的利益群体的利益受到伤害就会在反馈的过程中起到阻碍性的作用。信息传播机制渠道多、覆盖广、影响力大、规模数量不可控制，使得反馈机制相对弱化。这样不健全的信息机制已经成为大学生思想政治教育管理中的一个主要瓶颈。建立稳定的、健全的、有效的机制是亟待解决的问题。

（四）管理队伍流动性大

思想政治教育工作队伍包括党政干部、共青团干部、思想政治理论课教师、哲学社会科学课教师、辅导员和班主任。思想政治教育管理以人为本，其队伍建设和管理关系到思想政治教育目标、内容、过程等的贯彻落实，关系到思想政治教育能否取得成效的问题。

第一，大学生思想政治教育管理队伍专业化不足。随着我国大学门槛降低，从实际情况来看，大学生思想政治教育队伍的配备不够完善，其中思想政治教育管理者专业化素养（马克思主义理论素养、个人素质）不高，管理队伍中很多人对工作认识存在偏差，更重要的是没做到把思想政治教育管理工作当作一份终身的职业进行从事，缺乏神圣感，所以导致队伍人心不够稳定，后继合格人员又特别少。

第二，在很多高校当中思想政治教育管理队伍职业化程度不高，思想政治教育管理岗位的工作人员相比其他岗位工资收入较低，高校管理者对思想政治教育管理工作的重要性认识缺失，在评价体系中思想政治教育管理队伍被边缘化，如在各个级别的职称晋升中尤其是副高以上的职称晋升中困难重重，所以思想政治教育管理者很难形成对这份工作的职业化人生规划。同时参加学习进一步深造的机会多因为平时工作杂乱无人能在短时间内接手而与自己失之交臂，长此以往很难提升自己的专业水平，无论在各种晋升，评优中都经常受挫，加重了身心的疲惫感，对工作的热情降低。

第三，高校思想政治教育管理者队伍中存在一部分素质较低的管理者，他们对大学生的管理方法和管理能力受到了社会各界的审视。伴随着高校聘任透明化，专职的思想政治管理者的内心紧迫感和空前的压力更为加强。由于工作的性质需要这群人投入更多的精力与热情，工作的强度与经济收入和晋升的可能性形成鲜明的对比，他们很容易产生心理的不平衡与情绪的失落。所以，很多人在看清楚自己未来的时候果断地重新选择岗位。

第四，思想政治教育管理岗位具有很强的连续性，细节性的工作琐碎而复杂，日常工作量大得难以估计，对学生工作细致的管理使得很多人不愿意从事这项工作，更愿意选择教学科研。此外，人才的选拔局限性增大，严重的师资不足使得在教学骨干中选拔双肩挑的工作者现象屡见不鲜。对于思想政治教育管理这份政治素质、责任心、工作热情度要求极高的工作，兼职的工作者，由于精力不足，工作能力和工作效率都大大降低，他们把这个角色作为试验品，没用更多的精力学习专业知识，深入到学生中间，长期脱离群众的空洞管理，与学生的距离越来越远。如果一旦这个工作影响到这部分人的个人切身利益与发展，这个角色就显得可有可无，甚至果断放弃。

（五）资源配置不合理

大学生思想政治教育管理过程是一个系统工程。整个过程是连接起点和终点的桥梁，这个管理过程具有整体性。

第一，管理的过程中要组织全体成员参与学校组织的各项教育活动，使得参与思想政治教育全过程的管理成为我们共同承担的工作任务。

第二，整个管理过程的对象是大学的各个部门，确保不同部门均衡发展、信息沟通畅通无阻，协调参与管理是对资源的一次优化配置。

高校在针对大学生的思想政治教育管理工作中投入了大量的物力，也相应地提供了很大的人力支持。事实上，在管理过程中各部门各环节的资源在计划运用上缺乏明确性、全面性、完整性，导致整个管理过程没有明确的导向，人们不知道自己怎么干能收到最好的效果，所以思想政治教育工作所取得的成效与投入不能成相应的比例。这与资源没有得到合理配置，在计划、管理、执行、反馈上没有得到合理协调息息相关。

二、大学生思想政治教育实施管理的对策举措

（一）建立健全保障制度

制度保障是保障体系的重要组成部分。在大学生思想政治教育系统内，合力的形成必然要有充分的制度保障。现阶段，大学生思想政治教育整体制度建设不健全，内容陈旧过时；部分制度制定过于细致，造成对制度的迷信和盲从；制度建设的去道德化现象严重，制度在实际实施过程中造成诸多困扰。以上因素导致大学生思想政治教育在制度层面不能形成合力。因此，建立健全大学生思想政治教育合力的制度保障，要从健全制度建设、合理规划制度内容、加强制度道德化建设等方面着手。

第一，加强大学生思想政治教育整体制度建设。大学生思想政治教育制度主要包括国家教育法律法规，学校的相关规则、程序和具体工作方面的要求等。目前，大学生思想政治教育存在整体制度建设不健全的现象，制度建设没有包含大学生思想政治教育的各个方面，导致思想政治教育工作“无制可依”。因此，要加强大学生思想政治教育制度体系建设，建立自上而下、由内及外的全方位制度体系，在大学生思想政治教育教学、管理等方面形成强大合力，促进大学生思想政治教育的有效发展。

第二，合理规划大学生思想政治教育制度的内容。当前，大学生思想政治教育制度建设中部分制度制定过于细致，在一定程度上造成了人们对于制度的迷信和盲从，在制度实施过程中也过于细致导致工作无法

开展，使制度建设成为大学生思想政治教育合力形成的阻碍。因此，要合理规划大学生思想政治教育的内容，使教育制度规定的内容在合理的范围之内，充分发挥制度的引领和导向作用，提高制度运行的效率。例如，校院两级制度建设要做好自身制度的功能定位，校级制度不能过于细致地规定下级学院具体的制度内容，否则制度体制就会僵化，导致下级学院工作难以开展。

第三，加强大学生思想政治教育制度的道德化建设。制度和道德的结合是大学生思想政治教育合力形成的重要环节。制度道德化的标准就是，制度的设立、运行和创新要严格遵循人性需要、普遍发展、动机与效果相一致的公正原则。目前，大学生思想政治教育制度的去道德化现象较为严重，制度的设立仅仅为了工作的需求，忽略了在制度运行过程中大学生的“人性需求”，这也导致了制度运行的实际效果远远达不到预期效果。因此，要加强制度的道德化建设，在初始阶段，将大学生的人性感受作为制度确立的重要衡量标准。制度的道德化建设，有利于扫清制度运行的障碍，也有利于制度实效性的落实。

因此，只有建立科学合理的制度，从体系构建、内容设置、制度的道德化等方面着手，为合力形成提供强大的制度保障，合力的形成才会更加高效。

（二）加大经费投入

充足的经费是大学生思想政治教育合力形成的物质保障。目前，经费问题主要存在两个方面，一是经费来源单一，二是设备设施不足。因此，加强大学生思想政治教育合力运行的经费投入，主要在于扩大经费来源和增加设备设施支持的力度。

第一，扩大大学生思想政治教育的经费来源。大学生思想政治教育的经费来源主要分为财政拨款、社会融资、校内专项基金。首先，要把大学生思想政治教育的经费预算纳入国家财政预算，各级政府、高校主管部门要根据大学生思想政治教育所需要的资金制定合理的拨款比例，并且专款专用，定期定量投入；其次，要广泛发动社会各个阶层的力量，多渠道、多形式地进行资金筹集，作为思想政治教育活动开展的经费补充；最后，要建立大学生思想政治教育专项基金，应对思想政治教育活动中的突发情况。

第二，增加设备设施支持。从教育方式和教育手段转变的角度来看，大学生思想政治教育活动必须要依靠先进的科技手段，网络和多媒体在教育活动中必不可少，这也是创新大学生思想政治教育手段和丰富大学生思想政治教育内容的必要条件。从校园环境建设和管理角度来看，校园文化环境对大学生思想政治教育活动起着潜移默化的作用。从活动场所的角度来看，大学生思想政治教育需要建立专门的活动中心、实践基地、爱国主义教育基地、心理咨询基地等。

第三，经费是工作合力形成的重要保障。只有保证给思想政治教育提供充足的经费，思想政治教育才能保持最基本的发展力量，因此，整合各方面的经费来源，并将其转化为思想政治教育发展所需要的资源，才能促进合力的形成。

（三）培养专业管理人才

政治强、业务精、作风正的管理队伍是大学生思想政治教育合力形成的人才保障。目前，大学生思想政治教育的管理人才面临着管理队伍不健全、管理人才素质不高、挽留优秀管理人才难等问题，导致大学生思想政治教育活动缺乏科学有效的管理，以及管理合力的缺失。培养大学生思想政治教育合力运行的管理人才可以从以下三点着手。

第一，建立健全管理职能部门建设。目前，大学生思想政治教育管理职能部门不健全，导致“一人多职”和“多人共管”现象的出现，管理程序混乱，管理效率低下，管理合力难以形成。因此，要加强大学生思想政治教育管理部门建设，保证党、政、团等职能部门的齐全，优化部门结构，分工明确；并配备专门的、专业的优秀管理人才，责任到人。为大学生思想政治教育合力的运行提供坚实的部门支撑。

第二，加强大学生思想政治教育工作队伍建设。大学生思想政治教育工作队伍是实现教育目标的组织保障。大学生思想政治教育工作队伍主要包括：党政团干部工作队伍、思想政治理论课和哲学社会科学课教师队伍、辅导员和班主任等管理队伍。目前，大学生思想政治教育队伍面临素质良莠不齐、招人标准不一、职业技能掌握不全等现象，导致大学生思想政治教育在管理、授课、教育等方面难以达成预期效果，队伍合力难以形成。因此，要加强大学生思想政治教育工作队伍建设，在招收管理人才阶段，要严标准、严要求，招收文化素质高、道德素养好、职业技能熟练的优秀人才进入大学生思想政治教育管理队伍；在入职后，要加强对管理队伍的职业技能培训，使管理者能够全面掌握大学生的心理和利益需求变化，并且建立针对管理队伍的考核考评机制，督促管理者能够时刻履行其义务和责任。同时，要加强思想政治理论课和哲学社会科学课教师队伍的建设，发挥其在教育育人方面的引导作用。

第三，加强优秀人才晋升机制建设。虽然高校每年都有相应的思想政治教育管理人才招聘政策，但是管理人才的流失现象较为严重。造成人才流失的原因主要包括：工作压力大、待遇不高、社会认可度低、晋升机制不完善。因此，要加强大学生思想政治教育优秀管理人才的晋升机制建设，改善工作环境、提高工资待遇、完善晋升机制，满足优秀管理人才的物质利益和精神追求，同时，扩大其社会影响，提高其社会地位，增强其社会认同感。

（四）完善奖励激励机制

目前，国家教育部门出台了相关的奖励政策、奖励制度，在一定程度上激发了教育者和受教育者的积极性和自觉性，但是，奖励的标准却一直是激励机制形成过程中所面临的难题。目前，奖励标准主要面临标准过于固化、标准过于陈旧、物质奖励标准多于精神奖励标准的难题。

第一，扩大大学生思想政治教育的奖励范围，促进奖励标准的多样化。针对大学生思想政治教育奖励标准过于固化的问题，要从奖励内容上加以创新。大学生思想政治教育的奖励多采用优秀学生干部、优秀学生、优秀班集体等固定形式，并且这些奖励内容多与学生的学分和物质利益相挂钩，覆盖的学生面较为狭窄，大多数学生不能享受到激励机制所带来的“幸福感”。这些固化的奖励标准只能促进少数大学生参与思想政治教育活动的积极性和自觉性，大多数学生认为这种奖励和自己无关，这种局面致使大学生思想政治教育的效果大打折扣。因此，要创新奖励的内容，从不同层次、不同角度制定奖励的标准，满足不同学习层次、不同生活状况大学生的物质需求和精神需求，促进奖励标准的灵活化。使思想政治教育的奖励能够最大限度地调动更大范围的学生主动参与到思想政治教育活动中，这样才能形成最大合力。

第二，创新大学生思想政治教育的奖励内容，促进奖励标准的灵活化。针对大学生思想政治教育奖励标准过于陈旧的问题，要创新奖励的内容，促进奖励标准的灵活化。现阶段，大学生思想政治教育的奖励内容依然采取奖学金、荣誉称号等传统的奖励形成，缺乏现代化的奖励手段，使学生失去了对奖励的期望和兴趣，奖励的效果愈发不明显。随着时代的发展，当代大学生的物质需求和精神需求出现了多样化和复杂化的新局面，大学生思想政治教育的内容，要紧跟时代步伐，体现出时代性和发展性，根据大学生生理和心理需求的变化，创新奖励的内容，促进奖励标准的灵活化，重新发挥大学生思想政治教育激励机制对大学生积极性和自觉性的调动作用。

第三，物质利益与精神利益并重，促进奖励标准的综合化。奖励的内容分为物质奖励和精神奖励，当前大学生思想政治教育的奖励以物质奖励为主，主要形式采用奖学金、助学金，相关的荣誉称号也多与学分挂钩，在一定程度上助长了大学生“重利轻义”的思想。因此，奖励标准要以“精神奖励”为核心，注重提高大学生的思想道德品质，培养大学生“重义轻利”的价值观念，同时，加以适度的物质奖励，做到物质奖励与精神奖励并重，促进奖励标准的综合化。

（五）制定惩戒措施

惩戒作为一种重要的教育手段，对规范大学生的思想和行为具有重要作用，在大学生思想政治教育领域中具有重要地位。教育惩戒与教育激励的目标具有一致性，都是为了学生能够更好地发展，应该得到教育部门的重视。随着“以人为本”教育理念的出现，我国出现了“尊重教育”“感化教育”等教育模式，惩戒教育因为在一定程度上对学生的身心产生不良影响，一度受到人们的排斥和厌恶。但是，现阶段高校大学生的生理和心理发育并不成熟，一味地感化教育并不能促进大学生的全面发展。因此，要重视惩戒教育在大学生思想政治教育中的地位，严格制定惩戒的措施。

第一，建立科学合理的教育惩戒体系。大学生思想政治教育的惩戒与一般教育的惩戒措施不同，一般的教育惩戒手段主要有训诫、剥夺权利、留校、学业制裁、长期和短期停学、惩戒性转学、在家教育、体罚等，在一定程度上对大学生受教育的权利产生了影响，不利于大学生的全面发展。思想政治教育领域内的教育惩戒，其目的是帮助大学生改掉不正确的思想观念和不良行为习惯，最终目的是促进大学生思想道德素质的提高，实现大学生的全面发展。教育惩戒不仅仅代表了一种单独的惩戒方式，而是全面系统的惩戒体系，想要发挥教育惩戒对大学生思想政治教育合力形成的作用，要构建科学合理的教育惩戒体系，为教育惩戒建立配套可行的惩戒措施，保证发挥出惩戒的激励效果。

第二，制定严格的惩戒制度。大学生思想政治教育的教育惩戒必须有一定的制度作为依据，目前教育惩戒的制度大多来源于教育部门的相关法规、高校内部的制度和规定，惩戒方式多与学生的学籍有关，教育惩戒的威慑力远远不够。因此，大学生思想政治教育的惩戒制度应与大学生的日常行为相联系，增强大学生的法律意识和道德意识。

第三，制定人性化的惩戒措施。高校内部的教育目标和底线是相对固定的，但是大学生群体是多样性的，其生理和心理表现出多样化的物质和利益需求，不同的利益需求导致大学生在追逐利益时采取的手段不同，出现的错误也多种多样。教育者在实施教育惩戒的过程中，不能对大学生的过错一概而论，导致“过度惩罚”“错误惩罚”，而应该对大学生犯错的原因、经过进行详细的思考，把握大学生犯错的思想和心理变化，采取有针对性的惩戒措施。同时，惩戒的实施要采取人性化的手段，这是由思想政治教育的性质和教育目标决定的，人性化的措施更能促进大学生的思想道德素质提高和全面发展。

第三节　大学生思想政治教育监督管理

在开展大学生思想政治教育工作的过程中，要建立监督机制，确保思想政治教育目标落到实处。监督机制的建立，主要是针对教育者实施教育的过程和结果，督促有关单位或部门实行精细化管理，主要包括以下五个方面。

一、确保运行机制的有序化

精细化作为一种先进管理思想，主张人本管理与科学管理相结合，以制度化、规范化、流程化、标准化、信息化为主要管理特征。高校在对大学生思想政治教育进行监督管理的过程中要注重督促有关方面强化精细化管理，建立高效有序的运行机制，包括思想政治教育的决策、实施、考核、激励和反馈等环节。高校思想政治教育运行机制总的要求是责权明晰、科学高效。具体要求是把德育渗透到学校日常教学、管理和服务等工作中，形成全员参与、全程管理、全方位实施的全面综合育人格局。大学生思想政治教育运行机制精细化就是要创新管理理念，通过制度规范化、岗位职责明确化、工作流程化、考核标准化把各个工作环节有机联合起来，相互配合，增强运行机制的可操作性、规范性和有效性。因此，构建科学思想政治教育精细化管理方法，成为实现大学生思想政治教育实效性和思想政治效益最大化的一种有效途径。

二、督促建立规范化的制度机制

制度机制规范化是思想政治教育精细化的前提和保障，只有规范的制度机制才能避免挂一漏万。制度机制规范化主要是指规范思想政治教育日常工作运行制度，既要保证制度机制的科学性，又要做到制度机制的具体化。一方面，实施精细化管理应以法律法规、规章制度为基础、依据。摒弃“以人管人”的模式，通过严格的管理规章制度，将各部分工作环节有机紧密地联合起来，使思想政治工作有章可循、有法可依。确保不管任何人在任何岗位，都能保持步调一致，有令必行，有禁必止，实现制度上的科学化。另一方面，制度规范化要具体到每一个思想政治教育工作者都知道什么是自己该做的，什么是不可以做的，要具体怎么做，最后要做到什么样的程度等。在规范人的行为过程中培养人做事的一种良好职业习惯，提高人的综合素养。思想政治教育制度规范化的制定要坚持人本化原则，以促进师生的全面、和谐、自由、可持续发展为目的，充分考虑和尊重教师和学生在相关制度制定中提出的意见，将学校发展和师生的发展紧密联系在一起。这样有益于师生自觉地遵守和执行制度，并使各项制度内化成为自己的自觉行为，而减少精细化实施中的阻力。从而达到促进全体师生积极参与，充分发挥创造力、共同发展的目的。

科学的大学生思想政治教育制度机制规范化要健全大学生思想政治教育日常工作机制。主要包括落实思想政治教育会议制度、明确思想政治岗位责任制、完善定期的学生思想分析制度等。探索改进大学生思想政治教育的运行制度，主要有健全思想政治教育领导机制、强化思想政治教育的动力机制、建立思想政治教育的保障机制、构建思想政治教育的评估机制等。这些制度机制的规范化建立和完善，以及各项政策和法规的严格执行和落实是确保大学生思想政治教育精细化顺利开展的重要保障。

三、督促岗位职责明晰化

思想政治教育岗位职责明晰化是精细化的基本要求。思想政治教育岗位职责明晰化就是要健全思想政治教育领导机制，明确工作岗位职责，将具体任务明确到个人，实行一个岗位一个负责人，谁主管谁负责的岗位定位制。高校学生的思想政治教育是每一个党政部门、团委组织和全体教职工义不容辞的责任。但作为一项具体工作，主要由党委宣传部、共青团组织和学生会组织、人文社科类教师、高校辅导员等共同承担。长期以来，大学生思想政治教育的主管部门较多，且分工模糊不清，部门负责人认知上存在差异，导致开展具体工作中相斥、混乱以及不和谐等的局面。因此，新形势下明确思想政治教育岗位职责制，显得尤为重要。

高校思想政治教育的管理与控制可以分为三个系统：行政系统、执行系统、群团系统。在这三个系统的统领下，各个部门和机构要明确自己的岗位职能职责。使所有的思想政治教育工作者都清楚自己在思想政治教育总体目标中肩负的责任和所处的位置，实现各自内设机构的实际工作目标，使所有思想政治教育工作者，认真履行自己的职责，进而形成合力，通过一个个具体工作的完成，实现总体目标。

四、积极推进工作流程化

监督管理不仅是对结果的监督，更加注重过程监督。工作流程化是实现过程控制的最科学、最节约、最细致的最佳路径。思想政治教育工作流程化包括量化工作程序、精化日常事务办理过程、细化工作绩效考核标准等方面。大学生思想政治教育工作流程化要坚持依法制定、简单明了的原则，统一流程标准，设计工作流程图。使每一项工作流程和任务都具体化，必须有确定的主体、明确的目标和内容、具体详尽的工作要求和注意事项等，既便于管理层实施全程监控，又便于工作人员具体操作落实。

思想政治教育工作流程化主要由学校党委统一领导，党政群齐抓共管、共青团和学生处组织协调、各有关部门各负其责，根据工作实际需要，精确描绘思想政治教育工作流程图。思想政治教育工作流程要立足于实现以学生为本的教育目标，在机构设置、岗位设置、人员安排、时间部署、考核评价等环节做到主流思想有人引领，支流思想有人疏导，形成点线相接、线面相连、面点相融的全方面网状立体模式，形成事事有人做，人人有事做的良好工作局面。

五、促进考核评价标准化

“精细”应该是一种深度、一种行为、一种深层次的文化。因此，思想政治教育工作者要把精细化作为一种理念融入学生工作中去，使精细化信息管理平台成为一个快速反应和随时掌控学生动态和工作进度的“指挥所”，一个最新了解学生思想动态的“瞭望台”，一个促使教育人员相互比超，突出绩效的“公示栏”。

大学生思想政治教育精细化信息管理系统成为每位思想政治教育者每天必不可少的工作事务。思想政治教育者在该系统的管理下对每天工作进行整理、每周工作进行小结。校党委领导、院（系）负责人、思想政治工作小组随时可查询并掌握工作进度，每周进行工作评价。

对思想政治教育工作者的考核主要从德、能、勤、绩四个方面实现思想政治教育考核标准化。德可以从爱岗敬业、品德修养、政治素养、工作作风、理论政策水平等分项目加以考察；能可以从教学改进能力、组织管理能力、宣传发动能力、方法创新能力等方面考察；勤主要从思想政治教育工作者能否坚守岗位、认真履行其职责，能否深入学生当中，及时了解和掌握学生思想动态，能否切实解决学生的实际问题等方面考察；绩可以从日常工作表现、学生信息反馈、工作研讨成果等分项目考察。在确定考核内容并制定考核标准表后，每个月由考核主体包括学生工作部门、院（系）领导和学生共同参与。针对不同的考核内容选择适当的方法对思想政治教育者进行考核，每个学期进行一次总的考核评析，以构建符合高校特点的精细化考核机制。奖惩办法主要解决如何运用考核结果的问题。推行大学生思想政治教育精细化的关键在于要运用好考核结果，考核结果要与教师和管理者的政治、经济待遇挂钩，做到奖惩分明，树立精细化管理考核的权威性。在完善考核与监督机制的基础上，建立以能力和业绩为导向的人才标准和激励机制，充分调动思想政治教育者工作的积极性和创造性。

第四节 大学生思想政治教育校正管理

在教育目标落实过程中，要建立相应的反馈机制，不断校正大学生思想政治教育计划实施过程中出现的有关问题。大学生思想政治教育目标不是一经确定就不能改的，要根据党和国家的政策变动以及社会重大事件的发生，及时地调整、完善，甚至改变思想政治教育的目标，使目标始终和党的路线、方针、政策保持一致，确保教育目标在大学生思想政治教育中发挥正确的引领作用。

信息化管理是现代社会管理的一种有效管理方法。在开展大学生思想政治教育的过程中引入信息化管理，是做细做实精细化管理的有效途径之一。高校学生工作必须贯彻落实“育人为本，德育为先”的方针。既要以学生发展需求为中心、尊重学生的个性、选择性和创造性，又要充分利用网络平台，开设面向学生的信息通道，实现大学生思想政治教育工作的信息化管理。大学生思想政治教育信息化管理就是要求高校要自主研发思想政治教育精细化管理信息系统，各个学院的思想政治教育要统一于这个系统的领导管理下。

一、建立学生与思想政治教育者交流互动平台

当前，思想政治教育中师生有效互动的缺乏，已成为各高校思想政治教育落实精细化管理不足的一个主要原因。这种有效互动的缺失表现为学生与高校领导者之间、与社科类及思想政治理论课教师之间、与学生日常工作的辅导员和班主任之间都缺乏有效的沟通。在新时期，互联

网的飞速发展，为加强师生之间的有效沟通提供了一个崭新平台。

建立大学生与思想政治教育工作者交流互动平台，可以使校党委、党委宣传部、校团委、学生处、各学院、学生等之间通过管理平台实现相互交流互动。做到党委部署工作、发布信息及接受反馈，党委宣传部、校团委、学生处、院（系）及学生按照相应职能完成工作中的事务。这种工作模式赋予各主体最大的自主权和灵活性，超越时间和空间的限制，有利于提高工作的时效性。

对于思想政治教育工作者来说，从课堂教育主阵地将思想政治教育内容扩展到网络平台中，实现了思想政治教育时间和空间上的结合。实行思想政治教育网上工作制，通过网上在线教育、网上主题教育、网上深入辅导、网上论坛等形式，吸引大学生积极参与，扩大思想政治教育的覆盖面，实现学生与思想政治教育者的良好互动。如邀请专家开展网上讲座，就大学生关心的社会热点、难点进行互动式交流。就网上一些错误言论，思想政治教育者在这个平台中要及时澄清事实、解疑释惑，抓住热点问题，发表有深度、有见解力和说服力强的网上评论，积极引导网上舆论，引导大学生朝着积极健康方向发展。因此，在这个信息化管理平台中建立一批集舆论宣传、思想交流、提供服务、提升素质于一体，寓教于乐，具有较强互动功能的专题网上版块，成为宣传党的最新理论成果的窗口，帮助大学生形成健康人格和心理的一片精神家园。

二、开设畅通及时的信息反馈平台

政策执行效果如何，信息反馈至关重要。大学生思想活跃，对社会和人生包括对学校管理及思想政治教育工作都会有自己的独特见解和看法。要把这些想法及时、快捷地传达给思想政治教育管理者。一方面有利于及时发现问题，及时完善政策和规章制度；另一方面有利于思想政治教育工作者继续改善工作方式方法，使思想政治教育内容和方法更加贴近学生实际需求，满足学生的个性发展。

开设畅通、及时的信息反馈平台。要求在这个管理平台下，设立如校长留言信箱、院（系）领导信箱、学生处长信箱、学生工作通告等传递信息的窗口，方便学生的建议和意见能快捷地反馈到相应的职能管理者那里。管理者在看到反馈的消息后，应第一时间对学生反映的问题给予关注，并及时解决学生面临的各种实际困难和问题。利用公告系统发布学校最新工作动态，学生思想教育工作的动态信息。这样从职能上把负责学生工作的部门和人员定位在相应的管理层级上，利于对实施过程的全面了解、监督和激励。同时，也利于增强学生工作的透明度、时效性和针对性。

三、开设思想政治教育者工作经验交流互动平台

从事学生思想政治教育工作的有专职和兼职的两支队伍。专职队伍中，已经形成了老中青不同年龄和不同层次的思想政治教育者。从事多年教育教学和学生工作的教师，往往被认为在学生中享有较高的威望，有多方面的学生工作经验。他们好多虽然已经退休，但在闲暇时，会把自己的多年工作经验进行总结，有的也会被返聘到学生工作中，作为资深的学生工作顾问。还有一部分刚上岗的年轻教师，虽然工作经验缺乏，但由于刚从学校毕业和学生年龄相差不大，与青年学生的认知和心理需求相近，从学生的实际需求出发，站在学生的立场和角度为学生办实事，做起工作来更容易和学生沟通。因此，他们在实际工作中，也会形成自己独有的工作经验。

还有一些学生工作者是来自不同院（系），从事不同专业的学生工作人员，他们看问题的角度和思考问题的思维方式都不同，对他们做思想教育工作就要结合专业知识和学生自身认知水平，这就形成不同专业所特有的思想政治教育工作经验。

在高校从事兼职学生工作的其他人员，他们虽然不是学生思想政治教育工作的主体，但在实际工作中也会有自己的工作经验。以上这些从事学生思想政治教育工作的人所形成的工作经验非常丰富，这些宝贵的经验完全可以通过这个平台发布出来，以供大家相互学习借鉴，进行交流互动。同时可以利用这个网络平台将各高校思想政治工作教育者在推行大学生思想政治教育精细化工作中值得学习和借鉴的好做法、好经验进行交流学习。可以促进高校大学生思想政治教育者改进精细化教学和工作方式方法，营造一种积极向上、创先争优的良好教育氛围。

第七章

大学生思想政治教育管理技术

大学生思想政治教育管理既是一门艺术，也是一种技术。彼德·德鲁克在其所著的《管理实践》中指出，管理是有共性的，无论时间、环境、地点和生产何种产品，管理要解决的问题有90%是共同的。存在共性的东西，就一定有规律可循，就一定可以找到适合于共性的管理“方法”和“工具”，用于解决存在的共性问题。而这些管理“方法”和“工具”的运用也可以称之为一种技术。世界知识产权组织在1977年版的《供发展中国家使用的许可证贸易手册》中，给技术下的定义为：“技术是制造一种产品的系统知识，所采用的一种工艺或提供的一项服务，不论这种知识是否反映在一项发明、一项外形设计、一项实用新型或者一种植物新品种，或者反映在技术情报或技能中，或者反映在专家为设计、安装、开办或维修一个工厂或为管理一个工商业企业或其活动而提供的服务或协助等方面。”可见，大学生思想政治教育管理技术是以大学生思想政治教育规律为依据，为达成相应的教育管理目标而采用的一种管理服务。操作大学生思想政治教育管理技术的主体为施教者，而技术服务的对象为大学生。通过不断提升大学生思想政治教育管理技术的能力，不断积累技术经验，达到一种灵活高效的管理艺术境界，这是一项研究大学生思想政治教育管理技术的有意义的课题。

第一节　授权技术

在大学生思想政治教育管理实践过程中，双方对象数量相差悬殊，往往是以“一对多”的形式开展相关工作，比如，一个辅导员往往要同时面对两百个左右的大学生。这种“一对多”的管理方式能够提高人事组织的管理效率，同时也存在一定的问题，比如，不够精准、难以把控。在人事组织管理过程中有一个关键环节，即授权。它以人与人之间的层级作为支撑，由上至下，将必要的管理决策权力下放到下级人员中，以此分散而又集中地处理用人、用钱、做事、交涉、协调等事项，最终达成目标。授权是相对的，只能授予权力，而不能授予责任，有效授权是一项重要的管理技术。在授权组织中的不同层级有不同的职权，权限则会在不同的层级间流动，因而会产生授权的问题。

一、大学生思想政治教育管理工作授权原则

在大学生思想政治教育管理工作中，教育管理者运用授权技术需要遵循五个原则。

一是整体性原则。大学生思想政治教育管理体系是一个整体，授权所对应的主体和客体是其要素之一。大学生思想政治教育管理体系整体的各个要素之间相互联系、互相影响，因此在实施授权技术时必然要考虑授权目标、方法和结果与其他要素之间的相互作用，并不断完善授权过程，使之更好地融入大学生思想政治教育管理体系中。

二是科学性原则。授权是由上至下的权力分流，上下必须有效衔接。科学合理地授权应是给予下级能力范围之内的管理工作，且基于此授权之后不会影响整体局面。因此，在大学生思想政治教育管理工作中，上级管理者应该科学合理地分配下级管理权限，并以提升下级管理能力为根本宗旨，不能仅仅是为了完成工作内容。另外，重大决策权与关键审批权等具备处分性的工作，则应由管理层掌控权限，尽量不向下级授权。

三是因人授权原则。每一个大学生都各有所长，因此我们在教育上要因材施教，在授权管理中也要因人授权，发挥不同学生的优势，提升管理效能。被授权对象应德才兼备，有积极向上的工作态度，认真负责，并充分掌握代理权责与被授权业务相关知识、能力。此外，还应设置一定的考察时期，考察合格才能授权。

四是授权监管原则。授权并不是放权，不受约束的权力经常会导致权力滥用，因此授权应该是不完全性的放权。大学生思想政治教育管理要构建一个闭环的管理，其中监管就是闭环的锁扣。构建健全的、有效的监督管理机制，未经过授权人同意，被授权人不能私自转移委托，不能在代理处理事务时私自扩宽权力范围，在代理工作或者代理关系完成之后，需实时报告代理事务进度，实现真正意义上的闭环管理。

五是信任原则。信任是达成授权目的自始至终不可动摇的原则。大学生思想政治教育管理者要选取自己信任的人，一旦选中就要从开始到结束给予其坚定的信心，帮助他们克服一定的困难，从而使他们心中也产生对上级管理者的一种信任感，提高工作效率。

二、大学生思想政治教育管理授权流程

基于以上原则，在实际的授权管理过程中，大学生思想政治教育管理者要遵循一定的授权管理流程。

首先，要制定明确的目标。大学生思想政治教育管理者要想通过授权提高管理效率，一定要使被授权者能够看见短期的和长久的目标，只有清晰的目标导向才能把成功的欲望深深植于被授权者的意识中，使被授权者更快、更好、更有动力地完成工作，最终达成既定的目标。大学生思想政治教育管理者的目标可以分为两种：一种是集体目标，一种是个人目标。集体目标是大学生思想政治教育管理者最主要的目标，包括对大学生育德育才目标、高校发展总体目标等。集体目标能够让人们产生一种情感共鸣，从而激发不同层级人员的积极性。在授权之前，先让被授权人了解并深知高校所交办的这个事情的集体目标是什么，让被授权者可以清晰地认识到所做事情的意义所在，从而为后续的工作开展奠定基础。个人的目标包括授权人和被授权人的个人目标，比如，个人能力的发展。让被授权人认识到在授权工作过程中自身能力和素质可以得到哪方面的提升，从而坚定他们在授权过程中克服各种困难的决心和毅力。

其次，合理分配资源和任务。组织内的成员能力参差不齐，个性千差万别，不同的人适合不同的岗位，适合从事不同的工作，所以授权之前同样还要搞明白哪些人应该能够授权、哪些人不能够授权、哪些人应该授权哪些工作。大学生思想政治教育管理者应该提前预设内容版块，将一个任务分解开来，交给不同的适合的人去完成，做到资源利用最优化。

再次，与被授权者沟通，达成授权意向。在正式授权之前，大学生思想政治教育管理者要提早与被授权人进行有效的沟通，了解他们的工作意愿以及工作中存在的困难，及时进行疏导。倘若拟定的被授权者没有接受的意愿，要及时启用备选的方案。

最后，授权反馈。在授权的过程中要以定期和不定期的形式及时收集被授权者执行授权的情况，若有不妥及时调整。在授权工作结束后，要开展正式的小结工作，审查事务完成的情况以及被授权者能力素质提升状况。同时，授权者也要进行自我反思，总结不足。

第二节　诊断技术

诊断是一种高级判断，不仅要迅速地识别存在的问题，还要提出精准的举措。大学生思想政治教育管理工作中时常会出现一些真假难辨、难易程度不显的问题，这也给相关管理工作带来一定的困扰。大学生思想政治教育管理是一个复杂的体系，当大学生思想政治教育管理者感知或发现这个体系当中某些行为现象超出了预设内容和目标，那么及时采取诊断技术就是发现和处理问题的第一步。通过诊断技术，大学生思想政治教育管理者能够知道哪些地方出现问题，并有针对性地完善和改变。

找出问题，并解决问题，说起来并不是一件难事，可对于一个复杂的大学生思想政治教育管理体系来说，哪里出了问题，从哪方面入手，这才是关键。大学生思想政治教育管理中的诊断技术其实就是把大学生思想政治教育管理看成一个“生命体”，受过专业训练或者经验丰富的大学生思想政治教育管理者运用各项指标对其进行深入了解，并得出基本结论的过程。也就是指大学生思想政治教育管理者亲自或是委派其他管理人员深入大学生思想政治教育管理的各个环节，直接进行诊断分析，在掌握第一手资料的基础上，对大学生思想政治教育管理工作进行定量和定性的综合管理分析，找出工作中存在的问题，提出改善工作的建议，并在执行中进行指导。“有病治病，无病养身”，大学生思想政治教育管理工作中的诊断主要针对已然和未然两个方面。在运用诊断技术时，要注意遵循一般的诊断步骤，同时灵活采取适应的诊断方法。

一、大学生思想政治教育管理诊断的步骤

大学生思想政治教育管理诊断的步骤分为四个部分。

第一，收集资料。在诊断之前，大学生思想政治教育管理者要围绕诊断对象收集资料，有利于对问题的判断和处理。搜集基本的资料是第一步，要对出现问题的人和事进行相关的资料搜集。

第二，筛选资料。收集完资料后要更加具体性地对资料进行归类分析，筛选需要的资料，留存暂时不用的资料，以便快速有效地完成对问题的诊断。

第三，分析推理判断。结合搜集的资料以及大学生思想政治教育管理者的相关经验，要对问题进行初步地分析，给出科学合理的解释，最终做出正确的判断。

第四，实践验证。诊断的前期过程是以主观意识为主导的，这种判断是否准确合理，还需要在实践中不断验证。

二、大学生思想政治教育管理诊断技术方法

在现实生活中，往往会出现一些“误诊”的情况，导致“误诊”的原因很多，比如，诊断者经验不足、责任心不强、资料收集不全或无效、推理分析能力不足、不适当解释和评价他人的经验教训、不密切观察问题的发生动向等。其中以责任心不强、经验不足的引起者最为多见。因此，在实际诊断中，大学生思想政治教育管理者还需要掌握一定的诊断方法，如观察法、调查法。

观察法。在诊断的整个过程中可以采用自然观察法对处于自然状态下的诊断对象进行考察，从而获得经验事实，这是使用诊断技术最常用的方法。这里的观察法主要指的是自然观察法，是人们有目的、有计划地对处于自然状态下的研究对象进行考察，从而获得经验事实的一种方法。自然观察法的基本特点是不控制诊断对象发生、存在和变化的条件，不人为地改变观察对象，而是在观察对象处于自然状态的情况下进行观察。在大学生思想政治教育管理工作中，大学思想政治教育管理者可以直接凭借自己的感官（如眼、耳等）进行，有时候也需要借助于一些设施设备（如电脑、录像等）。

自然观察法可以从多个角度进行：科学观察和日常观察。科学观察是有计划、有选择、有系统的观察，是大学生思想政治教育管理者按预定的诊断计划，对观察对象的范围和内容有明确选择地进行自然观察，并系统地搜集事实材料的方法。日常观察则融入与大学生思想政治教育管理工作中的方方面面，没有明确的计划，没有明确的观察内容，主要以大学思想政治教育管理者内心体验和亲身感受为主要资料搜集对象。另外，大学生思想政治教育管理者也可以通过直接或者间接的方式获得

观察的结果。在运用各种观察方法时，不能完全孤立地使用，也不能太过烦冗，而要以诊断目的为导向，结合工作中现实情况，采取合适的观察方法。

调查法。调查方法可以收集到从观察法中难以获得的量化的一些资料。调查法是诊断的一个重要且关键的内容。没有调查就没有发言权，就无法制定决策。大学生思想政治教育管理工作的内容大都无法自发地用量化的形式表现出来，只有通过调查才能使各项内容能够被量化。调查的可能方法与途径是多种多样的，在教育心理学的研究中，最常用的调查方法主要有问卷法、访谈法、个案法与教育经验总结法等。

诊断具有时效性，因此在实际运用中，大学生思想政治教育管理者更多地可以采用访谈、个案与教育经验总结等方法。访谈有正式的，也有非正式的；有逐一采访询问，即个别访谈，也可以开小型座谈会，进行团体访谈。在访谈过程中，尽管谈话者和听话者的角色经常在交换，但归根到底访员是听话者，受访人是谈话者。访谈以一对一为主，但也可以在集体中进行。大学生思想政治教育管理工作使用诊断技术时也可以采取访谈的方式，但是这种访谈是非正式的，不用拟定科学严谨的访谈提纲，但要准备好与诊断相关的访谈内容，恰当地进行提问，准确捕捉信息，及时收集有关资料，适当地做出回应，及时做好访谈记录，一般还要录音或录像以便作为诊断的依据之一。

访谈法收集资料的主要形式是“倾听”。“倾听”可以在不同的层面上进行，包括三个层次：在态度层面上，访谈者应该是“积极关注地听”，而不应该是“表面地或消极地听”；在情感层面上，访谈者要“有感情地听”和“共情地听”，避免“无感情地听”；在认知层面上，要随时将受访者所说的话或信息迅速纳入自己的认知结构中加以理解和同化，必要时还要与对方进行对话，与对方进行平等交流，共同建构新的认识和意义。

针对一些不常见的问题，大学生思想政治教育管理者还要采取个案研究的方法，通过在一定时间内对个人、群体或团体进行持续性地研究，从而发现其行为发展变化的全过程，找到问题的根本。同医学诊断一样，借鉴以往成功的诊断经验，有利于大学生思想政治教育管理者迅速正确地做出诊断并给出合理的解决办法。

综上所述，大学生思想政治教育管理诊断技术要把握三个方向：一是帮助大学生思想政治教育管理者在教育管理上找出主要问题的原因，提出切实可行的改进方案；二是指导实施改进方案；三是传授教育管理理论和科学方法，培训各级管理干部，从根本上提高大学生思想政治教育管理队伍素质。

第三节　沟通技术

沟通是最常见的人际交往的表现，但是掌握沟通技术却并非人人皆行，良好的沟通技术是要不断培养的。沟通技术，是指人与人和人与群体之间，利用文字、语言与肢体语言等手段与他人进行交流使用的技巧。沟通技术涉及许多方面，如简化运用语言、积极倾听、重视反馈、控制情绪等。虽然拥有沟通技术并不意味着就能成为一个有效的大学思想政治教育管理者，但缺乏沟通技能会使大学思想政治教育管理者遇到许多麻烦和障碍。在大学生思想政治教育管理工作中，掌握沟通技术，提高沟通技巧可以促进教育管理的高效性。

一、大学生思想政治教育管理中的沟通

沟者，构筑管道也；通者，顺畅也。沟通是人与人用语言、肢体等表达形式连接起来的联系。大学生思想政治教育管理中的沟通是大学生和其思想政治教育管理者之间的沟通，也是大学生思想政治教育者之间的沟通，还包括大学生之间的沟通。大学生思想政治教育管理工作中的沟通包括以下三个内容。

一是明确沟通目标，鼓舞对方达成行动。大学生思想政治教育管理者的沟通目标是大学生思想政治教育目标和教育管理目标的综合体现。在沟通之前，大学生思想政治教育管理者要认定自己沟通的一个目标，构思以目标地推送来推动对方开展具体行动。

二是掌握基本的沟通步骤。沟通情景千变万化，因此在沟通过程中其实并没有固定不变的沟通步骤。沟通其实是语言和语言之间的反应，因此借助语言表达的步骤，我们可以窥探沟通的基本步骤。语言表达包括编码—解码—反馈，三个过程，编码就是把话表意义发送给对方，解码是对方对语言思想内容理解得准确，最后对方采用顺应含义信息或话表信息的正面反馈和规避这两种信息的侧面反馈。沟通主要是通过语言中介得以实现的，在沟通中要注重把握所传送的“编码”的正确性，要及时准确地给予解码，并采用舒适的方式反馈。

三是树立正确的沟通之道。信任是沟通的基本，也是沟通的关键。大学生思想政治教育管理者要对大学生理想信念、政治素养有信任，建立教育信任是思想政治教育有效运行的条件保障，培育政治信任是思想政治教育的本质要求，而增进社会信任则是思想政治教育的应有之责。在大学生思想政治教育管理的整个过程都需要时刻把握信任之道。

二、大学生思想政治教育管理沟通的技巧

提升大学生思想政治教育管理中的沟通技术是解决我国大学生思想政治教育实效性的重要途径。高效的沟通需要有效的策略支撑，这里提出几种常见的有效策略。

（一）夯实思想政治教育专业基础，做到沟通有理有据

新媒体时代下的人们接收信息的渠道、内容都丰富多彩，因此他们对信息片段的储备范围十分广泛，其中也包括很多思想政治教育内容。因此，在高校中，从事大学生思想政治教育管理工作的所有沟通主体，如学校领导、思想政治教育专职教师、党团工作教师以及辅导员等群体，都应该不断深化自身的马克思主义理论专业知识，结合实践，以生动的话语体系向沟通对象表达出来，展现扎实专业的思想政治教育管理理论素养，真正做到以理服人，有理有据。更进一步，需要大学生思想政治教育管理者们关注时事政治，以真理加生活的形式去教化和感染对方，理直气壮地以马克思主义、毛泽东思想和中国特色社会主义理论为迷茫的大学生释疑解惑，使当代大学生能坚定“四个自信”，有效防范和抵御西方意识形态的渗透和冲击。所以，扎牢理论功底，以理化人是大学生思想政治教育管理工作中沟通技术提升的重要途径。

（二）提升自我综合素质，彰显德能

大学生思想政治教育管理工作就是做人的工作，因此作为大学生思想政治教育主体的教育管理者首先要是一个立体的人。这种“立体人”的形象会给大学生和其他沟通对象很好的第一印象，从而促进沟通的达成。同时，人格也是大学生思想政治教育管理者的核心魅力，体现的是

“以人格再造人格”的教书育人宗旨。大学生思想政治教育管理者作为再造人格者，其自身的人格必须是崇高的，这才能够生成一种难以代替、难以撼动和难以复制的沟通力量。有了这种沟通力量，大学生思想政治教育管理者才能真正地彰显自己的人格魅力，以德润人。人格魅力本身就是一种难以驾驭的沟通技术，其一言一行会像巨大的磁场一样把沟通对象紧紧地吸引在自己周围，使大学生思想政治教育管理工作产生强大的感染力、凝聚力和向心力。可以说，彰显人格魅力，以德服人展现的是更高层面、更高水平的沟通技术，如果大学生思想政治教育管理者欠缺或缺失人格魅力，就等于失去了沟通技术之魂，剩下的可能是软绵绵的空洞的说教，令人难以信服。

（三）融合沟通技术和沟通艺术，以情动之

沟通不仅需要技术，而且需要艺术，两者有机结合能够增强沟通的技巧性。善用沟通的技术和艺术，以技育人，以艺辅之，往往能使沟通生动活泼而事半功倍。在大学生思想政治教育管理工作中，融合沟通的技术和沟通艺术，可以提高实效性。

1. 融合语言运用的技术和艺术

在理论和实践上，大学生思想政治教育管理工作的内容和方法都表现出一定的严肃性，但随着社会不断发展，在大学生思想政治教育管理中融入色彩斑斓的感情交流显得越来越重要。这决定了我国大学生思想政治教育管理工作中的语言沟通交流需要有较高的艺术水平，要将语言表述的严谨性、形象性、情感性和差异性融为一体，体现沟通技术和沟通艺术的结合，即语言表达的严谨性、形象性、情感性和差异性相统一。

2. 融合倾听运用的技术和艺术

在大学生思想政治教育管理沟通体系中，一个是理论素养深厚的大学思想政治教育管理者，另一个是善于倾听的学习者。大学生思想政治教育管理者相对于大学生而言，具有身份上的差异优势，运用好倾听的技术和艺术尤其重要。运用好倾听，一方面可以有助于消除师生身份上的不平等带来的沟通障碍，能赢得对方的信任和尊重，营造良好的沟通氛围；另一方面能清晰地了解学生的所想所思，抓住有效信息，读懂弦外之音，明确问题症结，感受学生的情感与思想，能进行更深层次的沟通。如何运用倾听艺术？以现场倾听为例，大学生思想政治教育管理者作为倾听者，既要用耳仔细听，也要眼、手、心、口都能动起来。眼动就是眼神要专注；手动就是记录好主要和重要信息；心动就是要思考问题的根源，寻求破解之法；口动就是在适当的时候，可以轻声附和、微笑点头表示肯定，当然也要适时询问或发表自己的见解，并有针对性地进行引导和教育。

3. 融合肢体行为的技术和艺术

大学生思想政治教育管理沟通离不开肢体语言，这里的肢体语言主要包括动作、表情、眼神、声音等肢体行为。借助肢体动作，我们在大学生思想政治教育管理过程中可以同语言结合起来，积极地展现出人与人之间的思想与情感，更加直接、直观、简便，很容易表达相关信息，也很容易被读懂。但同时，肢体行为语言也有艺术性，不同部位、不同强度以及不同姿态的肢体动作产生的沟通效应和作用都不同，巧妙地运用肢体行为可以在不同情境下表达出赞同、批评、关注信息。比如谈话时，需要表示欣赏、肯定，可以让身体前倾，做好倾听准备或适当点头、微笑；表达严肃需要认真对待时，可采用低沉的声音等。

第四节 协同技术

所谓协同，就是指协调两个或者两个以上的不同资源或者个体，协同一致地完成某一目标的过程或能力。在协同理论中，将协同导致的有序作为协同过程的核心内容。整个人类社会存在着各种各样复杂的系统，在这些系统内部，还有各自的子系统，每个子系统中包含着不同的要素，这些开放着的系统不是孤立运转而是不断地与外部系统或要素有序地发生协同运动，形成“1 + 1>2”的效应。大学生思想政治教育管理工作具有复杂性、综合性，因此将协同理论运用于大学生思想政治教育管理中，形成相应的协同技术体系，可以提高管理工作的有序性。

一、协同技术主体

大学生思想政治教育管理工作贯穿于高校育人的全过程和各个环节，高校大学生思想政治教育管理主体包括大学生思想政治教育各个环节的所有人员，如领导、专任教师、辅导员、后勤员工等高校全体教职工。以上主体在大学生思想政治教育管理工作的教育目标是一致的，具有协同的契合点。除了校内的主体外，还包括校外主体，如政府、社会和家庭等。

二、协同技术特征

协同技术的特征主要包括以下三个方面。

（一）主体多元

大学生思想政治教育管理工作是高校育人的重要内容，也是“大思政”的重要环节。大学生思想政治教育管理工作与高校育人的其他要素具有整体协调性，与这些要素并不是孤立的，也不是互相排斥的，而是统一的整体。在这个整体里面，大学生思想政治教育管理主体也并非单一片面的，而是具有多元性的。协同技术的运用就是多主体之间的相互协作，取长补短、优势互补。

（二）开放性

大学生思想政治教育管理体系是一个开放的体系，其协同技术也是与时俱进，适应时代发展要求而不断提升的。大学生思想政治教育管理的主体们要以开放思维，学习新时代思想政治教育理论，关注国内外形势，开拓创新，吸收其他主体们优秀的管理方法，分享自我的经验，形成动态的大学生思想政治教育协同技术体系。

（三）实践性

实践是大学生思想政治教育管理的基础，也是运用协同技术的基础。具体而言，在大学生思想政治教育管理中，主体与主体之间、大学生与大学生之间、环境与环境之间等都需要在实践中不断磨合才能增强协同性，才能充分发挥协同“1+1>2”的效应。

新媒体时代下，新媒体技术已经渗透到社会的方方面面。依托新媒体平台开展大学生思想政治教育管理工作，可以加强协同效应。

全员参与。大学生思想政治教育管理应该是双向的。从正向来看，大学生思想政治教育管理者自上而下，以管理者和教师的角色发挥思想政治教育管理作用。从反向来看，大学生本人以自我管理的方式来提高自我思想政治素养。这两个方向中还包括各种联系，比如，行政管理人员、后勤工作人员、社会家庭人员等。因此，在大学生思想政治教育管理整个过程中，自上自下都是“一盘棋”，需要全员齐抓共管，落实基本责任。新媒体时代下，全员都与新媒体相联系，因此通过新媒体可以快速有效地推动全员参与大学生思想政治教育管理工作。

全程联系。依托新媒体，协同教育管理的各个环节，助力大学生思想政治教育管理的全程性。首先，依托新媒体课程，贯穿大学四年课程体系。将大学生思想政治教育管理工作落实到具体的课程实践中，抓住课程的连续性、阶段性等特征，深挖课程育人的作用。其次，依托新媒体实践活动，部署整体的大学四年实践教学内容，穿插在课堂教学中，真正做到无缝衔接。最后，还要注重反馈过程。

全方位互助。大学生思想政治教育管理协调技术的运用还体现在全方位上。“互联网+”、自媒体、虚拟现实技术（VR）等技术已经愈加成熟，也已经应用于教育教学中。同时，课堂教学也在不断改革，增强了大学生思想政治教育管理的方位性。线上和线下的结合，也给大学生思想政治教育管理工作的协调性带来了挑战和机遇，一方面，管理范围更加广泛了、管理方法亟待升级、管理内容丰富多样；另一方面，管理的全方位得以提升，管理效能发挥更充分。

第五节　干预技术

干预是指参与未发生的事情，目的是使事情发展与预期目标保持一致或者纠正某些错误的事态发展。干预技术，也称为预防技术，应用于大学生思想政治教育管理工作中，主要是指利用思想政治教育的预警、协调、稳定等功能，对还未发生的大学生思想政治事情予以正确的指引。思想政治教育具有预警控制、利益协调、校园稳定等功能，大学生思想政治教育管理的干预技术也是根据这些功能予以应用。

一、大学生思想政治教育管理干预技术的原则

干预不等于干涉，因此在运用干预技术时一定要注意把控“度”。大学生思想政治教育的高层管理者应给予基层管理者以及大学生们一定的“自由度”，不宜干预过多，但也不能完全放手，应本着适度原则，适时、适当和精准干预并在实践中不断修正干预的度量。

适时原则。从时间维度上看，事情的发展总是随着时间的推动而呈现出发展的状态，不同时间节点的干预对事情发展变化的影响会不同。对于大学生而言，他们在大学阶段的心理发展是一个飞跃期，对于他们的干预越早越好。比如，可以把新生适应性教育提前到开学报到之前，进行爱国主义以及校史等教育。

适当原则。从横向维度上看，大学生思想政治教育管理要遵循适当原则。大学生思维活跃，他们愿意接收新信息，但是同时也有部分叛逆的大学生。过度的干预会偏离思想政治教育目标，甚至会适得其反。

精准原则。干预是参与未发生的事情，有效的干预取决于精准度。大学生思想政治教育管理者对干预精准度的把握一方面来自自身扎实的理论基础，另一方面取决于丰富的实践经验，因此可以通过不断学习来提升干预的精准度。

实践原则。干预也贯穿于大学生思想政治教育管理的整个过程，一次的干预可能并不能达成效果，需要在实践中不断给予适时适当的干预。每一次实践活动结束后都要及时总结反馈，优化干预方案，形成长效的干预机制。

二、大学生思想政治教育管理干预技术的策略

（一）精准预判，事前预控策略

大学生思想政治教育过程的不可预见性并不意味着其无迹可寻、难以避免。大学生思想政治教育管理工作深入大学生的日常学习和生活中，与他们的思想紧密联系在一起，因此通过思想政治教育可以掌握大学生的心理状态和思想动态的规律和现状，及时规范大学生的行为偏离和行为失宜，从思想动机上遏止校园突发事件。同时，大学生思想政治教育管理工作内容丰富、形式多样、持续时间长，能够在每一个环节预判到大学生的思想动态。比如，能够通过系统的安全教育，掌握大学生的心理发展态势，梳理可能存在的不稳定因素，从而有针对性地开展教育来增强他们的安全意识和危机意识；借助心理普查工具，能够及时掌握大学生的心理动态，做到及时干预；通过实践活动，可以培养大学生的自我学习、自我管理、自我控制能力，提高大学生观察问题、分析问题和解决问题的能力等。大学生思想政治教育管理的事前预控是减少校园突发事件的财产损失、心理危害、社会影响的最经济策略，也是持续性、长期性的高校突发事件干预策略。

（二）适时适当切入，事中干预策略

当大学生思想动态偏离了思想政治教育目标方向时，大学生思想政治教育管理者可通过多元的干预策略、以有效的干预措施最大限度地减弱大学生不良的思想意识以及由此产生的消极影响和负面危害等。大学生思想意识动态发展其实是一个慢性的过程，不会出现急性事件，因此各项利益矛盾和诸多冲突大多处于基本可控时期，此时大学生思想政治

教育管理主体应及时向学生群体开展思想政治教育。辅导员、心理教师等思想政治教育管理主体与学生群体具有较高的亲和力和感染力，能够通过及时的、合理的疏导等措施来干预相关事件的发生。

（三）实践反馈，事后干预策略

大学生思想政治教育管理是一个长期的过程，大学生在这个教育链条中不断学习新东西，不断参与实践，最终的行为可能与预判的目标不一致。因此，大学生思想政治教育管理主体要能够对进入高校之前、当前和之后的一些思想政治教育管理进行情境分析，分析原因，总结措施，并制定适宜的干预策略，建立长效干预方案以应对可能出现的同类事件，切实提高大学生思想政治教育管理的实效性。

第八章

大学生思想政治教育测评运作模式

开展大学生思想政治教育工作测评，是推动大学生思想政治教育及管理科学发展的必由之路，是进一步加强和改进大学生思想政治教育的重要举措，是为党育人、为国育才的重要制度保障。科学构建大学生思想政治教育测评模式是大学生思想政治教育测评工作顺利有效开展的基本保障，本测评模式基于中共中央宣传部、教育部关于印发《全国大学生思想政治教育工作测评体系（试行）》的通知（教思政〔2012〕2号）精神进行建构。

第一节　测评运作模式的层次性

目前，理论界研究提出的主要测评模式是受美国教育质量评价模式的启示而形成的，按照建立目标体系、落实目标任务和评价工作效果三个方面来运作的。依据中央16号文件“党委政府主导，全社会参与”“学校主导，全员参与”的指导思想，借鉴国内外主要教育评价模式，需区分省级（地市级）党委政府和高校两个层次，按照“测评的事实依据”“测评的基本工具”“测评的参与主体”“测评的主要形态”四个维度，提出大学生思想政治教育“2142”（党委政府版）和“2153”（高校版）两种测评运作模式，实现对“大学生思想政治教育主要是教育主管部门和高校的事情”传统观念的突破。

一、“2142”（党委政府版）测评运行模式

这是把省（区、市）党委政府作为测评客体进行测评的运作模式。“2”代表测评，事实依据的即平时报送的基础性数据和现场考察获取的基础信息；“1”代表测评的基本工具，可研发和运行“大学生思想政治教育工作测评系统”（包括电子档案袋、数据统计分析软件、网络调查等）；“4”代表测评的参与主体，即上级评价、自我评价、高校评

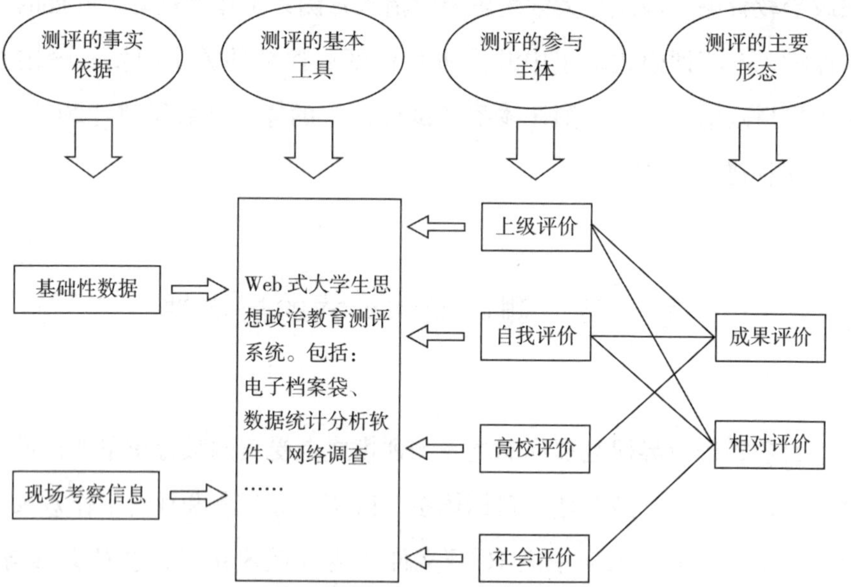

图8-1 “2142”（党委政府版）测评运行模式示意图

价、社会评价四个方面；后一个“2”代表测评的主要形态，即成果评价、相对评价两种类型。如图 8-1 所示。

表 8-1 省（区、市）大学生思想政治教育工作测评体系

一级指标	二级指标	测评标准
1. 组织领导	1. 1 领导体制	1. 党委政府主要领导关心重视，主管领导具体负责，成立相应的组织协调机构，每年召开相关工作协调会 2. 党委政府有关部门及群团组织在大学生思想政治教育中有明确的工作职责和要求，将大学生思想政治教育列入重要工作日程并有工作部署和考核
		符合上述两项标准为 A；符合其中一项为 C；其余情形为 D
	1. 2 工作机制	1. 大学生思想政治教育工作纳入党委政府重要议事日程，党委常委会、政府常务会定期听取汇报、研究解决重大问题 2. 有党委政府领导联系高校工作机制，党委政府领导每年深入高校做形势政策报告（≥5 人/次） 3. 大学生思想政治教育工作纳入党委政府督查工作，每两年至少进行一次专项调研和督查 4. 定期开展所在地区高校大学生思想政治教育工作测评
		符合上述四项标准为 A；符合其中三项为 B；符合其中两项为 C；其余情形为 D

续表

一级指标	二级指标	测评标准
2. 条件保障	2. 1制度保障	1. 有贯彻落实中央〔2004〕16号文件及其配套文件的实施意见 2. 适时修改完善相关实施意见
		符合上述两项标准为A；符合其中一项为C；其余情形为D
	2. 2队伍保障	1. 有组织、人事、教育等党政相关部门联合制定的大学生思想政治教育工作队伍建设文件和措施 2. 按照有关文件要求核定落实高校辅导员、思想政治理论课教师编制 3. 对高校辅导员、思想政治理论课教师专业技术职务单列指标，单设标准，单独评审 4. 落实高校辅导员相应职级、职数 5. 将大学生思想政治教育工作队伍表彰奖励纳入各级教师、教育工作者表彰奖励体系，按一定比例评选，统一表彰 6. 组织开展大学生思想政治教育工作队伍境内外培训，有实施队伍轮训的规划
		符合上述六项标准为A；符合其中四项为B；符合其中三项为C；其余情形为D
	2. 3经费保障	1. 设立大学生思想政治教育专项经费，支持开展大学生思想政治教育工作
		符合上述标准为A；不符合为D

续表

一级指标	二级指标	测评标准
3. 社会环境	3. 1 文化建设与舆论氛围	1. 有为大学生思想政治教育营造良好宣传舆论氛围的措施，及时开展大学生思想政治教育先进典型的宣传 2. 推出有益于大学生成长成才的优秀文化产品和文化服务，形成高雅艺术进校园的机制，每年集中开展文化市场的专项治理 3. 加强对当地主流媒体的监管，弘扬主流意识文化 4. 依法加强对各类网站的管理，营造文明理性的网络环境 5. 大力弘扬科学精神，扎实开展科学道德和学风建设宣传教育，推动形成优良学术风气
		符合上述五项标准为 A；符合其中四项为 B；符合其中三项为 C；其余情形为 D
	3. 2 大学生思想政治教育基地	1. 爱国主义教育基地和民族团结进步教育基地对大学生集体参观一律免费开放 2. 支持并建立大学生社会实践和志愿服务基地 3. 支持并建立大学生创新创业基地
		符合上述三项标准为 A；符合其中两项为 B；符合其中一项为 C；其余情形为 D
	3. 3 学校及周边治安综合治理	1. 学校及周边治安综合治理有专门机构、办公场所、专职人员和工作经费，工作有专项部署 2. 每半年排查一次学校周边环境的突出问题，并制定有效措施予以解决 3. 打击学校及周边地区存在的各类违法犯罪活动，依法及时处理各类侵害师生合法权益的刑事和治安案件 4. 学校及周边 200 米内无夜总会、电子游戏厅和无证经营摊点等
		符合上述四项标准为 A；符合其中三项为 B；符合其中两项为 C；其余情形为 D

续表

一级指标	二级指标	测评标准
4. 统筹协调	4. 1 课堂教学	1. 落实中央关于加强和改进思想政治理论课的各项要求和措施 2. 加强对思想政治理论课和哲学社会科学课教师的培训和管理，每年按要求开展骨干教师研修 3. 制定加强和改进高校师德建设的措施，明确教师的育人职责与要求
		符合上述三项标准为 A；符合其中两项为 B；符合其中一项为 C；其余情形为 D
	4. 2 课堂外思想政治教育	1. 支持高校校园文化建设，纳入当地文化建设总体规划 2. 对大学生社会实践和志愿服务活动进行统一部署和安排，推进“学雷锋”活动常态化、机制化 3. 积极推进网络思想政治教育，不断拓展网络思想政治教育途径和手段 4. 支持大学生心理健康教育和心理咨询机构建设，建立高校与专业卫生机构之间大学生严重心理障碍和心理疾病治疗的转介机制 5. 建立资助育人机制，宣传表彰家庭经济困难优秀的学生 6. 加强大学生就业的思想政治教育，宣传表彰基层建功立业的先进典型
		符合上述六项标准为 A；符合其中四项为 B；符合其中三项为 C；其余情形为 D
	4. 3 党团工作	1. 定期召开高校党的建设工作会议 2. 定期召开高校共青团工作专题工作会
		符合上述两项标准为 A；符合其中一项为 C；其余情形为 D

续表

一级指标	二级指标	测评标准
4. 统筹协调	4.4 科学研究	1. 制订马克思主义理论一级学科及其六个二级学科的具体发展规划 2. 有省级大学生思想政治教育研究会并经常性开展工作 3. 大学生思想政治教育重大理论和实际问题研究列入各级社科（哲学社会科学或人文社会科学）基金课题规划 4. 大学生思想政治教育研究成果纳入各级政府教育教学成果奖评选范围
		符合上述四项标准为 A；符合其中三项为 B；符合其中两项为 C；其余情形为 D
测评结果	根据以上 12 项二级指标获得 A 的总数（用 X 表示），得出测评结果：X≥10，二级指标无 C 或 D，结论为 A；X≥8，且二级指标无 D，结论为 B；X≥6，结论为 C；其余情形为 D	

二、"2153"（高校版）测评运行模式

这是把高校作为测评客体进行测评的运作模式。"2"代表测评的事实依据，仍然是平时报送的基础性数据和现场考察获取的基础信息；"1"代表测评的基本工具；"5"代表测评的参与主体，即上级评价、自我评价、学生评价、家长评价、社会评价五个方面；"3"代表测评的主要形态，即状况评价、过程评价、相对评价三种形态。如图 8-2 所示。

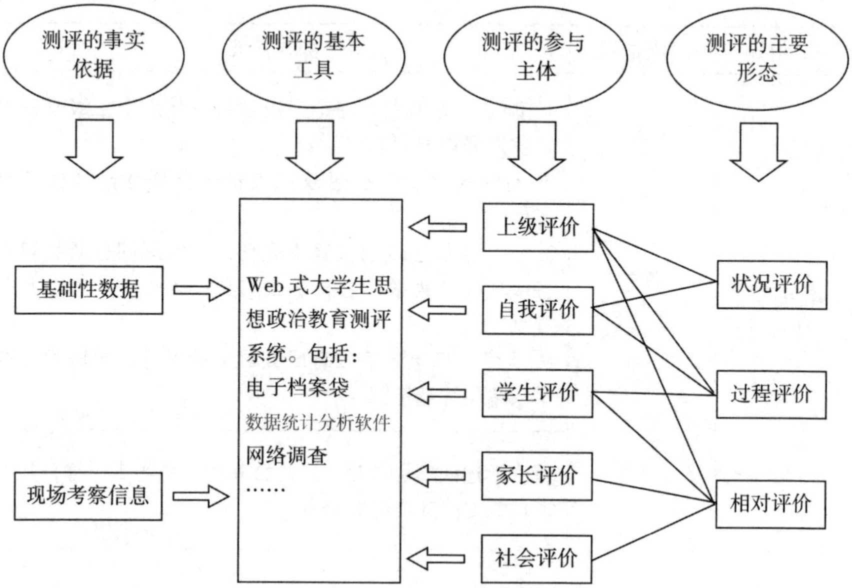

图 8-2 "2153"（高校版）测评运行模式示意图

表 8-2 普通高等学校大学生思想政治教育工作测评体系

一级指标	二级指标	测评标准
1. 组织领导	1. 1 工作定位与思路	1. 大学生思想政治教育工作纳入学校事业发展规划 2."育人为本，德育为先"在学校人才培养方案中有具体体现 3. 有全员、全过程、全方位育人的明确思路
		符合上述三项标准为 A；符合其中两项为 B；符合其中一项为 C；其余情形为 D

续表

一级指标	二级指标	测评标准
1. 组织领导	1. 2 领导体制与工作机制	1. 建立由学校主要负责人担任组长的大学生思想政治教育工作领导小组，每学期至少召开一次专门工作会 2. 学校将大学生思想政治教育与教学、科研、社会服务工作同时部署，同时检查，同时评估 3. 有贯彻落实中央〔2004〕16 号文件及其配套文件的实施办法 4. 学校有关部门有明确的大学生思想政治教育工作职责并完成相应任务 5. 学校党政主要领导每年分别到课堂听思想政治理论课≥4 学时
		符合上述五项标准为 A；符合其中四项为 B；符合其中三项为 C；其余情形为 D
2. 队伍建设	2. 1 党政干部及共青团干部队伍	1. 对学校党政干部及共青团干部组织、协调、实施大学生思想政治教育工作有明确要求 2. 每年对学校党政干部及共青团干部履行大学生思想政治教育工作相关职责有考核 3. 对党政干部及共青团干部从事思想政治理论课、大学生党课、团课等教学有具体管理措施
		符合上述三项标准为 A；符合其中两项为 B；符合其中一项为 C；其余情形为 D

续表

一级指标	二级指标	测评标准
2. 队伍建设	2. 2 思想政治理论课与哲学社会科学课教师队伍	1. 实行思想政治理论课专任教师任职资格准入制，专任教师按不低于师生 1∶400 的比例配备 2. 鼓励支持思想政治理论课专任教师攻读马克思主义理论相关学科博士、硕士学位 3. 思想政治理论课专业技术职务高级岗位的比例不低于学校重点学科高级岗位设置的平均水平，且不得挪作他用 4. 对思想政治理论课专任教师的专业技术职务评定，注重考核教学能力和教学实绩 5. 按照要求选送思想政治理论课专任教师和哲学社会科学课教学科研骨干参加全国和省（区、市）培训、研修，每学年至少安排 1/4 专任教师开展社会实践和学习考察活动 6. 对思想政治理论课教师的表彰纳入学校各类教师表彰体系中，并为思想政治理论课教师确定一定比例，进行统一表彰
		符合上述六项标准为 A；符合第一项和其余标准中三至四项为 B；符合其中三项为 C；其余情形为 D
	2. 3 辅导员、班主任队伍	1. 按师生比不低于 1∶200 的比例设置一线专职辅导员岗位，研究生配备有专职辅导员 2. 每个班级配有兼职班主任或指导教师 3. 对辅导员专业技术职务单列指标，单设标准，单独评审 4. 落实辅导员相应职级、职数和待遇 5. 辅导员的培养纳入学校师资培训规划和人才培养计划，开展队伍轮训，享受专任教师培养同等待遇 6. 有辅导员、班主任工作考核办法和年度考核结果，定期评选表彰优秀辅导员、班主任，并纳入教师表彰体系
		符合上述六项标准为 A；符合第一项和其余标准中三至四项为 B；符合其中三项为 C；其余情形为 D

续表

一级指标	二级指标	测评标准
3. 思想政治理论课	3. 1思想政治理论课教育教学	1. 独立设置直属学校领导的、与学校其他二级院（系）行政同级的思想政治理论课教学科研组织二级机构，并配齐机构主要负责人 2. 思想政治理论课建设列入学校事业发展规划，作为学校重点课程建设，有条件的本科院校同时应作为重点学科建设 3. 落实规定的思想政治理论课规定课程和学分及对应的课堂教学学时 4. 使用马克思主义理论研究和建设工程重点教材、高校思想政治理论课统编教材 5. 实践教学纳入思想政治理论课教学计划，建有相对稳定的校外实践教学基地，实践教学覆盖大多数学生 6. 设立思想政治理论课教育教学研究专项课题
		符合上述六项标准为 A；符合第一项和其余标准中三至四项为 B；符合其中三项为 C；其余情形为 D
	3. 2形势与政策教育	1. 作为必修课列入教学计划 2. 落实规定的课时和学分 3. 制定并落实形势与政策课集体备课制度 4. 有地方党政领导干部、校外专家学者、校级领导为学生做形势政策报告的制度并有效实施
		符合上述四项标准为 A；符合其中三项为 B；符合其中两项为 C；其余情形为 D

续表

一级指标	二级指标	测评标准
4. 课堂外思想政治教育	4. 1社会主义核心价值体系宣传教育	1. 开展马克思主义中国化最新成果宣传教育 2. 开展党的基本理论、基本路线、基本纲领和基本经验教育以及党史宣传教育 3. 利用重要节庆日、重大事件，开展爱国主义教育、民族团结进步教育和时代精神教育 4. 开展以“八荣八耻”为主要内容的社会主义荣辱观教育
		符合上述四项标准为A；符合其中三项为B；符合其中两项为C；其余情形为D
	4. 2实践育人	1. 将实践育人工作纳入学校教学计划，落实规定的学时学分 2. 建立相对稳定的实践育人基地 3. 有学生参加社会实践活动的年度计划，定期组织开展社会实践活动 4. 支持、组织学生开展志愿服务和公益活动，深入开展“学雷锋”活动 5. 开展国防宣传教育，将军事训练纳入必修课 6. 及时宣传表彰实践育人先进典型，定期召开实践育人经验交流会、座谈研讨会
		符合上述六项标准为A；符合其中四项为B；符合其中三项为C；其余情形为D
	4. 3校园文化建设	1. 有校园文化建设总体规划，有明确牵头部门负责，并加强校园统一标识建设 2. 有校训、校徽、校史陈列馆（室） 3. 有加强科学道德和校风学风建设的措施，并开展督查工作 4. 结合传统节庆日、重大事件和开学典礼、毕业典礼等开展主题教育活动 5. 定期开展学生宿舍及生活园区文化活动 6. 努力开展校园文化创新，打造活动品牌
		符合上述六项标准为A；符合其中四项为B；符合其中三项为C；其余情形为D

续表

一级指标	二级指标	测评标准
4. 课堂外思想政治教育	4.4 网络思想政治教育	1. 有网络思想政治教育总体规划 2. 建有思想政治教育专题网站，积极推进大学生网络社区建设，开展网络思想政治教育活动 3. 有专门的网络用户归口管理部门，有完善的校园网络舆情监控工作机制，并配备专职工作人员 4. 有校园网站登记、备案制度，实行用户上网实名注册
		符合上述四项标准为 A；符合其中三项为 B；符合其中两项为 C；其余情形为 D
	4.5 心理健康教育	1. 有校级心理健康教育和心理咨询机构，有专门的心理咨询场所 2. 按师生比不低于 1∶5000 的比例配备专职从事心理健康教育的教师，且不少于 2 名 3. 有用于大学生心理健康教育和心理咨询的专项经费 4. 面向全校学生开设心理健康教育必修课或选修课，形成系列课程体系 5. 建立有校、院（系）、学生班级三级心理健康教育工作网络，有学生心理危机预防与干预体系 6. 每年开展新生心理健康普查，在校学生建有心理健康档案 7. 定期开展心理健康宣传教育活动
		符合上述七项标准为 A；符合第一项和其余标准中四至五项为 B；符合其中四项为 C；其余情形为 D
	4.6 资助育人	1. 有学生资助工作机构和专职工作人员 2. 对家庭经济困难的学生资助经费达到学校事业收入的 4%，经费做到专款专用 3. 建立资助育人机制，宣传表彰家庭经济困难优秀的学生
		符合上述三项标准为 A；符合其中两项为 B；符合其中一项为 C；其余情形为 D

续表

一级指标	二级指标	测评标准
4. 课堂外思想政治教育	4. 7 就业创业教育	1. 有学生就业创业教育的专门机构并配备专职工作人员 2. 就业创业指导课程纳入学校必修课或选修课 3. 加强大学生就业思想政治教育，宣传表彰基层建功立业的先进典型
		符合上述三项标准为 A；符合其中两项为 B；符合其中一项为 C；其余情形为 D
	4. 8 党团组织建设	1. 本科生低年级有党员，本科生高年级和研究生有党支部 2. 建立党校、团校，定期开展教育培训工作，学生党员每年培训时间不少于 16 学时 3. 校级团组织独立设置，院（系）、班级团组织健全 4. 按规定开展党团组织生活 5. 按规定开展推荐优秀团员作为大学生入党积极分子的工作 6. 有学生社团管理办法，配备社团指导教师
		符合上述六项标准为 A；符合其中四项为 B；符合其中三项为 C；其余情形为 D
5. 条件保障	5. 1 学生教育活动设施建设	1. 建有专门的学生活动用房，有完善的活动设施并得到充分利用 2. 学生宿舍楼或生活园区设有学生党团活动室
		符合上述两项标准为 A；符合其中一项为 C；其余情形为 D
	5. 2 经费投入	1. 大学生思想政治教育工作经费设立专门预算科目，经费做到专款专用 2. 大学生思想政治教育工作经费占学校上一年度政府拨给的事业费和收缴的学生培养费或学杂费总收入比例应逐年增长
		符合上述两项标准为 A；符合其中的一项为 C；其余情形为 D

续表

一级指标	二级指标	测评标准
5. 条件保障	5. 3 科学研究	1. 设立大学生思想政治教育专项研究课题和课改课题
		符合上述标准为 A；不符合为 D
6. 育人环境	6. 1 校园安全稳定	1. 有维护安全稳定的综合防控机制和突发事件紧急处置预案 2. 有校园舆论阵地建设与管理办法，有哲学社会科学研讨会、报告会、论坛等审批制度 3. 按需要设置校园安全标识，校园安全通道畅通 4. 有抵御和防范利用宗教对学校进行渗透的措施和办法 5. 有抵御和防范境内外敌对势力对学校进行渗透和破坏的措施和办法 6. 有与当地党委政府及有关部门的信息沟通制度 7. 经常性开展学生安全教育 8. 近三年无重大安全稳定责任事故
		第八项为一票否决，有重大安全稳定责任事故为 D；符合第八项且其余标准中五至六项为 A；符合第八项且其余标准中三至四项为 B；符合第八项且其余标准中两项为 C；其余情形为 D
	6. 2 家庭与社会参与	1. 学校建立并落实与学生家长联系的制度 2. 定期召开学生家长代表座谈会 3. 学校与社区有合作育人工作机制，每年组织开展合作育人活动
		符合上述三项标准为 A；符合其中两项为 B；符合其中一项为 C；其余情形为 D
测评结果	根据以上 20 项二级指标获得 A 的总数（用 X 表示），得出测评结果：X≥15，二级指标无 C 或 D，结论为 A；X≥12，且二级指标无 D，结论为 B；X≥10，结论为 C；其余情形为 D	

第二节 测评运作模式的适配性

一、从学科层面解决好适配性问题

大学生思想政治教育测评是教育评价的一种形式，必须遵循教育评价的基本规律和原则，在构建大学生思想政治教育测评运作模式时应注重“三个结合”，从学科层面解决好适配性问题。

（一）定量评价与定性评价相结合

定性评价可通过对考核对象的整体或局部的定性分析，把握该对象在大学生思想政治教育中产生的作用或效果，但不够客观准确，而定量评价比较客观，有较强的可比性，且标准容易统一。因此，在大学生思想政治教育测评中要强调基础性数据的诊断、评价，如专职思想政治理论课的师生比、思想政治辅导员的师生比等，实现可检测、可度量、可比较。对“工作定位与工作思路”“领导重视”“制度建设”等评价内容主要采取定性评价的方式。测评结果采用“状态描述法”，以 A、B、C、D 描述测评指标的状态，测评最后结果分别以二级指标及其核心指标获得 A、B、C、D 的数量予以反映。

（二）工作评估与效果评估相结合

工作评估重点通过对照“大学生思想政治教育测评指标体系”的测评内容，检查受评单位大学生思想政治教育工作的落实情况，考察受评单位对大学生思想政治教育工作的重视程度，以及建设、改革、创新的程度。督促受评单位对照中央〔2004〕16号文件要求，采取积极的措施，进行整改和建设。效果评估主要通过大学生思想政治素质测评、大学生思想政治教育工作（学生、学生家长、用人单位）满意度测评，验证受评单位大学生思想政治教育工作取得的效果。

（三）自我测评与他人测评相结合

各个测评主体的阅历、要求、视角的不同，对大学生思想政治教育测评关注的侧重点也有所不同。要使测评结论全面、客观、准确，需要综合各测评主体的意见，因此，需要采取自我测评、上级测评、学生满意度测评、学生家长满意度测评、用人单位满意度测评相结合的方式实施测评，实现以上级测评、自我测评为主，学生测评为辅，学生家长及社会测评予以配合的多元主体测评模式。

二、从现实层面解决好适配性问题

在实际操作中，由于大学生思想政治教育测评的层级不同，各地、各高校大学生思想政治教育发展得不均衡等，测评工作不能搞“一刀切”，需要注重分类指导，区别对待。

（一）测评层级

可区分为国家对省级（地市级）党委政府的测评、省级（地市级）党委政府对高校的测评、高校内部的自测自评，各种不同层级的测评，在目标要求、具体指标、方法手段、工作流程、运作模式等方面也各有侧重。

（二）指标设计

可以区分为省级（地市级）党委政府版和高校版，鉴于高校大学生思想政治教育是在省级（地市级）党委政府主导下开展的，可以将高校融入省级（地市级）党委政府大学生思想政治教育测评指标体系之中，构建起省级（地市级）党委政府版和高校版可分可合的测评指标体系。

（三）测评工具

应区别对待，上级评价、高校自我评价主要参照“指标体系”进行，学生评价、家长评价、社会评价依托“大学生思想政治素质问卷调查”“学生满意度调查”“家长满意度调查”“用人单位满意度调查”等进行。

（四）信息采集

为了降低测评工作成本，使其简便易行，不“扰民”，不影响正常工作，可依据“大学生思想政治教育测评指标体系”所罗列的观测点，从中区分出“基础性数据”和“现场考察信息”两种类型。基础性数据的生成主要靠平时报送，可研发和依托“基础性数据统计分析软件”帮助采集和汇总分析，“大学生思想政治素质问卷调查”“学生满意度调查”“家长满意度调查”“用人单位满意度调查”等主要通过网络进行，尽可能减轻现场考察的工作量，减轻测评客体的工作负荷。

第三节　测评运作模式的科学性

一、测评主体多元

研究发现，采用单一主体评价得出的评价结论在全面性、客观性等方面存在缺陷，需要采取多元主体评价予以弥补。同时，各个测评主体的评价侧重点也会表现出不同。一般而言，学生、家长和社会评价比较看重大学生思想政治教育工作发挥的作用和达到的效果；受评单位的自我评价更在意分析成绩，找准问题，施加压力，及时整改，推动发展；上级评价更在意考核工作，评估绩效，把握动态，引导方向。这些测评主体的意见都是测评工作中不可缺少的部分，依据重要程度的不同赋予相应的权重系数，得出的测评结论就会更加客观、准确、全面。

（一）上级评价

上级评价主要指国家对省级（地市级）党委政府的评价、省级（地市级）党委政府对所辖高校的评价。上级评价在上级部门掌握情况、修改完善相关政策制度、监督指导受评单位大学生思想政治教育工作等方面具有重要作用，是上级部门提高决策质量和决策认可程度的基础和前提，有利于上级部门加强对受评单位的指导、检查和过程控制。国家对省级（地市级）党委政府的测评可参照“大学生思想政治教育测评指标体系（党委政府版）”进行，测评形态主要采用成果评价和相对评价。省级（地市级）党委政府对所辖高校的测评主要参照“大学生思想政治教育测评指标体系（高校版）”进行，测评形态主要采用状态评价、过程评价和相对评价。

（二）自我评价

自我评价是指省级（地市级）党委政府的自我评价和高校的自我评价。是受评单位自我分析现状、查找问题、提出对策、评建结合的重要途径，有利于建立单位内部自主驱动、自我监控、自我约束、自我发展、良性循环的激励促进机制。省级（地市级）党委政府的自我测评可参照“大学生思想政治教育测评指标体系（党委政府版）”进行，测评形态可采用成果评价和相对评价。高校的自我测评可参照“大学生思想政治教育测评指标体系（高校版）”进行，测评形态可采用过程评价和相对评价。

（三）学生评价

作为大学生思想政治教育的接受主体和高校最大的群体，学生对高校、省级（地市级）党委政府在大学生思想政治教育工作中履行职能职责的状况，发挥作用的程度等都有切身体会，大学生思想政治教育到底做得怎么样，受不受他们欢迎，他们最有发言权。在科学技术飞速发展的今天，学生可借助网络，对所在高校、省级（地市级）党委政府进行测评。学生登录专门网站，依据“大学生思想政治教育测评体系”逐项给出测评等级，提出意见和建议，可以填写“大学生思想政治素质状况调查问卷”“大学生思想政治教育工作满意度调查问卷（学生版）”，测评形态主要是过程评价和相对评价。

（四）家长评价

在填报志愿时，每个考生的家长都是想方设法地查询相关高校的情况，关心培养出来的学生能干什么，素质高不高，在他们眼里，已经给部分高校打了分数。同时，把孩子培养成怎么样的人是他们最关心的，孩子的素质有没有达到家长的要求，这些都是家长关注的焦点。因此，他们有权对高校、省级（地市级）党委政府在大学生思想政治教育工作中履行职能职责的状况进行测评。重点是通过填写“大学生思想政治教育工作满意度调查问卷（学生家长版）”获得评价结果，也可电话访谈学生家长代表。

（五）社会评价

社会评价主体主要指用人单位、学校合作单位、新闻媒体以及相关社会团体等。事实上，社会评价作为第三方评价，从来就不会主动缺位，社会评价高校、省级（地市级）党委政府在大学生思想政治教育工作中履行职能职责的状况，也具有重要的参考价值。社会评价主要是面向社会进行满意度调查，征求意见、建议，测评形态主要是相对评价。

（六）高校评价

这里所说的高校评价是区别于高校自我评价的一种对省级（地市级）党委政府大学生思想政治教育工作的评价，是作为下级单位对上级组织的一种评价，与“学生评价教师”一样具有重要的意义，但又在评价理性、评价科学性、评价的信度及效度、评价的质量等方面优越于学生评价。有利于及时向上级组织反馈来自工作一线的信息，特别是工作过程中存在或新产生的问题和情况，便于上级组织适时进行研判，进行计划、方案、实施意见的适度调整，包括对法律、法规、政策、制度等的调整。高校按照专家组的安排对所在地省级（地市级）党委政府进行测评，重点是组织有代表性的人员依照“大学生思想政治教育测评指标体系”进行评定。

二、测评形态多样

测评的形态不同，测评所产生的影响和作用也会不同，所以，针对不同测评客体，测评主体需要采用不同类型的测评形态。针对省级（地市级）党委政府，可综合运用成果评价和相对评价等测评形态；针对高校，可综合运用状态评价、过程评价和相对评价等测评形态。

（一）状况评价

实质是通过现状分析，为选择确立目标提供依据而进行的评价，侧重点是在判断现状的基础上解决做什么的问题。国家在不同时期为省级（地市级）党委政府、高校确立或调整大学生思想政治教育目标至关重要，而目标确立或调整的实质是解决取舍的问题，状况评价的意义就在于为上级组织解决取舍问题提供信息，作为取舍的事实依据。

（二）过程评价

实质是为了判断工作计划、活动方案、实施意见有无需要改善的地方而进行的评价，重点解决“意见”“规划”“计划”，如中央〔2004〕16号文件等运行过程中做得怎么样的问题。过程评价的作用就在于发现工作过程中存在的问题和新的矛盾，进行必要的归因，提出改进意见或建议。大学生思想政治教育的工作过程主要是指省级（地市级）党委政府、高校在大学生思想政治教育中做了些什么工作，具体工作是按照怎样的计划、步骤，采取什么方法开展的。主要显示省级（地市级）党委政府、高校在组织领导、条件保障、主渠道建设、育人环境、人文关怀与管理服务等方面履行职能职责的状况，结合测评体系的评分标准，实现对以上各项的测评。

（三）成果评价

实质是为了判断工作计划、活动方案、实施意见等所取得的成果而进行的评价。基本价值取向是解决结果怎么样的问题。基本任务在于：一是判断评价客体执行计划、方案等取得的成果，以及这些成果满足需要的程度。在指标体系一级指标中列出“工作效果”，就是要从大学生的思想政治素质，以及上级满意度、学生满意度、家长满意度和用人单位满意度等维度对省级（地市级）党委政府、高校开展成果评价，衡量贡献大小及满意程度。二是对计划、方案等本身进行测量和判断，确认这个计划（方案）的成功程度，如果判断是成功的，这个计划（方案）

就可继续执行，如果需要调整，就要明确调整的地方及调整的理由。

（四）相对评价

实质是在团体内部以评价客体所处的地位同其他单位（个人）相比较而进行的评价。相对评价的基本特征在于比较，没有比较就不存在相对评价。这种评价，有利于省级（地市级）党委政府、高校客观判断自身大学生思想政治教育工作在全国（本省）范围内所处的位置，明确领先的方面、存在的差距和不足等，有助于竞争机制的建立。

第四节　测评运作模式的网络化

时代的发展和现代信息技术的广泛应用为大学生思想政治教育测评工作的创新开辟了广阔的前景，构建大学生思想政治教育网络测评系统，有利于提高测评主体多元化的实现程度，有利于减少测评组织实施部门现场考察的工作量和受评单位“迎评”工作量，有利于增强测评工作的客观性、科学性、透明度，有利于简化测评工作程序，降低测评工作成本，提高测评工作效率。

一、构建大学生思想政治教育网络测评系统的价值取向

在构建大学生思想政治教育网络测评系统时，应按照“大学生思想政治教育测评指标体系”的特点和对测评组织实施的要求，强化设计的人性化，拓展服务功能，做到定性内容可比较、定量内容可计算、测评主体多元化、测评方式简便化、现场测评简约化，切实增强由大学

生思想政治教育网络测评系统的科学性和可操作性。

（一）增强测评工作可视可测性

辩证唯物主义认为，客观存在的事物都具有质与量的形式。大学生思想政治教育工作“做了的”与“没有做的”以及“做得好的”与“做得差的”是不一样的。大家一直在努力增强大学生思想政治教育测评工作的可视可测性。现代网络技术、数理统计方法、控制技术的发展，为强化大学生思想政治教育测评工作的可视可测性提供了技术支撑。构建大学生思想政治教育网络测评系统时要注意应用以上技术，及时获取较为全面、准确的信息，处理好定性评价与定量评价的关系，特别是通过数据分析软件等技术手段提高量化指标的可视可测程度。

（二）提高测评主体多元化实现程度

《中共中央国务院关于进一步加强和改进大学生思想政治教育的意见》明确表明：大学生思想政治教育是全社会的共同工作，各级党委政府及其有关部门、社会组织和高等学校，共同肩负着育人职责。因此，大学生思想政治教育测评主体应是多元的，可包括上级评价、自我评价、学生评价、家长评价、社会评价等。网络技术的推广和应用为提高测评主体多元化的实现程度提供了技术条件，网络的跨时空优势更易于上级单位、学生家长、用人单位、社会相关方等测评主体通过 Email、网上调查等形式参与测评。在构建大学生思想政治教育网络测评系统时，可采用角色管理方式，建立起多用户（上级单位、受评单位、学生、学生家长、社会相关方等）参与测评的系统。

（三）促进测评方式简便化

在进行的各类测评工作中，为了完成测评任务，测评主体，尤其是受评单位要投入大量的人力、财力和物力，甚至影响和干扰到正常工作，易导致人们对测评工作的反感。运用网络技术手段，搭建大学生思想政治教育测评数字化平台，注重通过网络渠道报送基础信息、搜索相关数据信息、反馈测评结果，有利于减少测评组织实施部门现场考察工作量，减少受评单位“迎评”工作量，使大学生思想政治教育测评简便高效。在构建大学生思想政治教育网络测评系统时，可在检测定量数据和可追溯性事实的基础上，将测评信息分解为基础性数据信息和现场考察信息。受评单位按要求定期网络报送基础性数据信息，测评组织实施部门除通过网络渠道获取受评单位信息外，还可方便快捷地从各种信息网、信息中心检索相关数据。在相关数据的分析处理上，利用数字化信息处理技术，测评组织实施部门能摆脱人工统计和分析带来的繁重任务。力争从总体上做到测评工作“不扰民、不影响日常工作开展”。

（四）统合现场测评与非现场测评

对于传统的测评来说，大都是相关专家亲临现场，获取相关信息，开展测评工作。构建大学生思想政治教育网络测评系统可以实现非现场测评，但不能取代现场测评工作，受评单位报送信息的验证，以及定性指标的认定仍然需要通过现场测评来实现。为此，在大学生思想政治教育网络测评系统中要设计“专家现场考察信息录入”板块，以此统合现场测评和非现场测评信息，依托数据分析软件得出初步结论。

二、大学生思想政治教育网络测评系统的架构

大学生思想政治教育网络测评系统是基于 Web 平台，采用 B/S 模式进行设计。该系统应用角色访问控制，设计测评组织实施部门、受评单位、其他相关方（学生、学生家长、用人单位）等不同的用户，信

息发布子系统、测评信息报送子系统、学生素质调查及工作满意度测评子系统、评审与反馈子系统、交流互动子系统组成。如表 8-3 所示。

表 8-3 大学生思想政治教育网络测评系统的基本结构

一级结构	二级结构	三级结构
大学生思想政治教育网络测评系统	1. 信息发布子系统	1. 1 测评信息发布
		1. 2 其他信息发布
	2. 测评信息报送子系统	2. 1 基础性数据信息报送
		2. 2 专家现场考察信息录入
		2. 3 其他数据信息收集
	3. 学生素质调查及工作满意度测评子系统	3. 1 大学生思想政治素质调查
		3. 2 学生满意度测评
		3. 3 学生家长满意度测评
		3. 4 用人单位满意度测评
		3. 5 其他社会相关方满意度测评
	4. 评审与反馈子系统	4. 1 数据信息的汇总
		4. 2 数据信息的审核
		4. 3 数据信息的评分
		4. 4 测评结果等信息反馈
	5. 交流互动子系统	5. 1 用户之间交流互动

（一）功能模块设计

1. 信息发布子系统

该子系统通过构建“新闻动态”“信息通知”两个模块，实现对大学生思想政治教育测评方面新闻报道及测评信息通知的发布。测评组织实施部门通过此平台发布测评信息，如：“大学生思想政治教育测评指标体系”、大学生思想政治教育评估材料审核索引表、测评实施方案、相关通知等。信息公开可以让受评单位、学生、家长、社会相关方获取信息，积极参与到测评工作之中。

2. 测评信息报送子系统

在该子系统的构建中，依照“大学生思想政治教育测评指标体系”，以一级指标为分类标准，作为一个报送信息的界面，然后逐级分解，再根据二、三级指标设计，分别落实到每个指标的观测点上。在具体设计上，分三个平台。一是基础性数据报送平台，该平台用于受评单位平时报送基础性的常态数据。常态数据具有较强的说服力和可视性，是测评工作的重要依据，报送时要强化其真实性、规范性和日常性。二是专家现场采集信息录入平台，该平台录入专家现场考察获取的定性评价信息、基础性数据验证信息等，作为测评工作又一重要依据。三是第三方评价信息反馈平台，此平台是前两个平台的补充，用于收集第三方对受评单位的评价信息，作为测评工作的参考依据。

3. 学生素质调查及工作满意度测评子系统

在该子系统的构建中，设计选择菜单，具体可分为：学生思想政治素质调查、学生满意度测评、学生家长满意度测评、用人单位满意度测评、其他社会相关方满意度测评等。该子系统为实现多元主体测评而构建，测评主体可选择任意受评单位进行评价，并由系统统计分析学生思想政治素质调查结论和工作满意度状况。

4. 评审与反馈子系统

在构建该子系统时，以受评单位为单元，完成基础性数据、专家现场考察信息、学生思想政治素质调查、工作满意度测评等信息的汇总和审核。按照大学生思想政治教育测评指标体系中各指标的权重，对于基础性定量数据，事先赋予相应的分值，系统为其计算相应指标分值；对于定性指标信息，设计专家审定打分界面，专家录入相应指标分值；设计测评总分计算办法，由系统计算生成测评结果的总分值。此外，设计测评结果反馈界面，供受评单位登录查看测评结论及反馈意见。该子系统还可对相关数据进行查看、修改或删除的操作。

5. 交流互动子系统

该子系统按照 B/S 的模式构建，彰显网络交流对象的无限可选择性、交流背景的超时空性及交流主体的独立性和主动性。构建此平台，利用网络的平等性、互动性及便捷性等优势，为测评组织实施部门、受评单位、专家学者提供自由交流的平台和空间，从中获取更多的信息和意见建议，供测评组织实施部门参考。

（二）网络系统技术开发

系统的开发要遵循软件工程的方法，在基于 B/S 模式的软件开发中，其体系结构一般分浏览器层、Web 逻辑处理层和数据库管理层三层。系统的开发可采用 .net 或 Java 技术，该开发工具具有开发界面简单、开发工具强大、易于与其他系统集成、有良好的安全控制手段等优点。底层数据处理则采用数据管理安全性和稳定性较强的 SQL Server 数据库，建立基础常态数据信息数据库、指标数据库、受评单位数据库、指标权重数据库、专家数据库、学生素质调查问卷试题数据库、满意度问卷试题数据库等，使系统不仅具有较强的数据安全性，而且还可以同时处理后台数据库的并发、远程和跨平台访问等。以 Windows 2000 为开发平台，以常用的 Windows 2003/XP 为运行平台。

系统的数据流程图如图 8-3 所示。

在系统界面的设计上，可按 Top-Left-Right 的三栏框架结构。Top 为系统网站的标题；Left 为系统网站的导航栏，根据对不同用户赋予的不同权限，调用不同的页面；Right 为系统网站的主框架，根据导航栏的触发对应打开不同的页面。

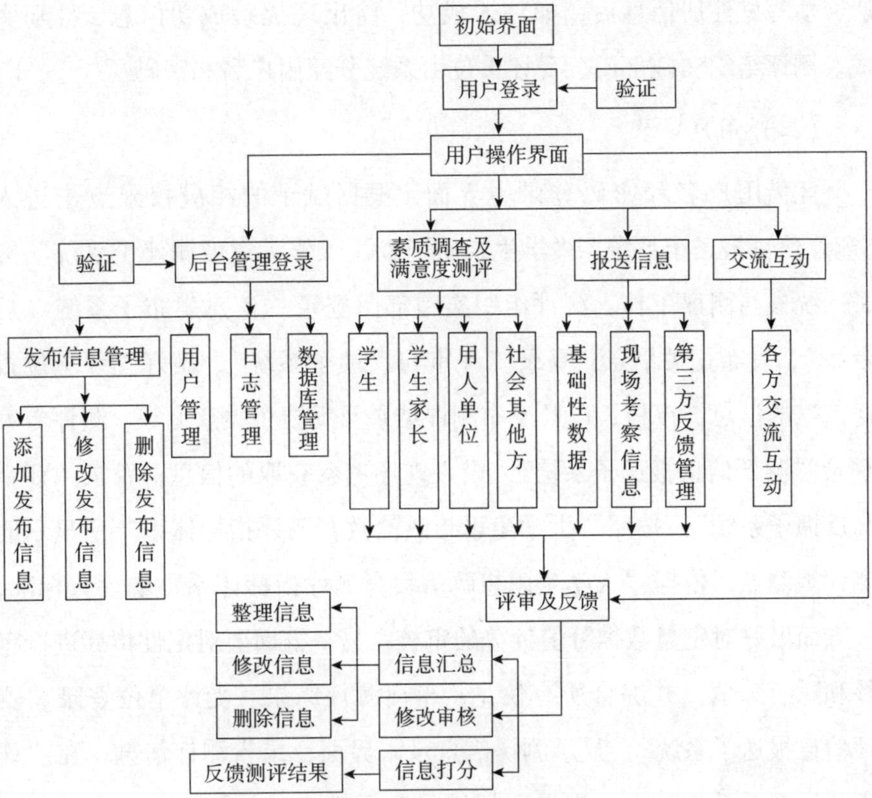

图 8-3 系统的数据流程图

二、大学生思想政治教育网络测评系统的操作

(一) 浏览相关信息

所有用户均可访问大学生思想政治教育网络测评系统，浏览系统上的相关信息。

(二) 用户注册

参与测评工作的用户，如学生、学生家长、用人单位等，要事先注册，填写好注册信息后，如注册成功，将出现提示成功信息，注册完成。测评组织实施部门、受评单位由系统分配用户名和密码。

（三）用户登录

凭借用户名和密码登录主界面，根据赋予的相应权限点击进入“测评信息报送子系统”“学生素质调查及工作满意度测评子系统”等子系统参与测评工作。测评组织实施部门登录“信息发布子系统（后台）”，发布相关信息；登录“评审与反馈子系统”，做好受评单位报送信息的汇总、审核，以及发布测评结果及反馈相关意见等。测评专家登录“测评信息报送子系统”，录入现场考察获取的信息；登录“评审与反馈子系统”，按照“大学生思想政治教育测评指标体系”所显示的测评观测点，依据“大学生思想政治教育测评指标体系”的评分标准，一方面做好对定量数据分值计分的审核，另一方面要对定性指标进行审核和赋予分值，并综合所有信息，得出测评结果。受评单位登录“测评信息报送子系统”，显示测评信息录入界面，录入测评信息；在“评审与反馈子系统”中，查看测评结果和反馈意见。第三方（学生、学生家长、用人单位等）登录“学生素质调查及工作满意度测评子系统”，选择受评单位，进行工作满意度评价，学生还可填写“大学生思想政治素质调查问卷”。所有用户均可登录“交流互动子系统”，反馈关于大学生思想政治教育测评的意见、建议，发表并论证自己的观点，其他人可佐证也可批驳。

（四）用户退出

用户退出时，需妥善保管好自己的信息，按照规定的程序退出系统。

参考文献

[1] 邱伟光. 思想政治教育管理学［M］. 成都：四川人民出版社，1992.

[2] 黄锐，高颖. 管理是什么［M］. 北京：中国经济出版社，2004.

[3] 金炳华. 马克思主义哲学大辞典［M］. 上海：上海辞书出版社，2003.

[4] 中国百科大辞典编委会. 中国百科大辞典［M］. 北京：华夏出版社，1990.

[5] 赵志军，于广河，李晓元，等. 思想政治教育管理学［M］. 北京：中国社会科学出版社，2009.

[6] 勾永才. 思想教育管理学［M］. 北京：人民出版社，1993.

[7] 姜克芬，王双振，吴一平. 现代企业管理原理［M］. 郑州：河南人民出版社，1991.

[8] 吕会霖. 新世纪思想政治工作［M］. 上海：上海人民出版社，2005.

[9] 汪中求. 细节决定成败［M］. 北京：新华出版社，2004.

[10]［美］彼得·德鲁克. 管理实践［M］. 毛忠明，程韵文，孙

康琦，译. 上海：上海译文出版社，1999.

[11] 莫雷. 教育心理学 [M]. 北京：教育科学出版社，2007.

[12] 洪波. 思想政治教育话语范式转换研究 [M]. 杭州：浙江大学出版社，2012.

[13] 刘建军. 高校思想政治教育工作质量评价的必要性、可行性及其限度 [J]. 学校党建与思想教育，2018 (11).

[14] 钱润光. 高校思想政治教育领导体制的历史演变及经验 [J]. 学校党建与思想教育，2011 (11).

[15] 靳义亭，李芳芳. 高校思想政治教育工作机制构建的哲学思辨 [J]. 农村经济与科技，2017 (12).

[16] 王伟，刘黎丽. 略论高校思想政治教育工作机制的创新 [J]. 河北青年管理干部学院学报，2004 (4).

[17] 斯钦. 大学生思想政治教育校区+社区模式的探索与实践 [J]. 太原理工大学学报（社会科学版），2019 (5).

[18] 朱志刚，方明东. 主流媒体如何利用版权增强传播力和影响力 [J]. 中国记者，2019 (6).

[19] 余玲. 大学生思想政治教育制度化研究 [J]. 学校党建与思想教育，2016 (5).

[20] 齐星，张卫平. 试论大学生思想政治教育家庭环境的优化 [J]. 黑河学刊，2019 (1).

[21] 黄芳萍. 新形势下党委宣传部在高校内涵建设中的作用探讨 [J]. 理论导报，2011 (2).

[22] 黄蓉生，唐登然. 论高校坚持“党管意识形态”的必然遵循 [J]. 国家教育行政学院学报，2018 (1).

[23] 董捷. 新形势下党委宣传部在高校内涵建设中的作用探讨

[J]. 文化创新比较研究, 2018 (9).

[24] 逸青. 讲学习、讲政治, 加强师生思想政治工作——全国高校党委宣传部长、学工部（处）长学习研讨班综述 [J]. 中国高等教育, 1996 (10).

[25] 李娟. 关于高校思想政治理论课教学管理创新的几点思考 [J]. 思想理论教育导刊, 2012 (7).

[26] 乔瑾. 中职校团委工作中思想政治教育的新途径 [J]. 思想理论教育, 2010 (8).

[27] 常韬. 学工部加强学生党建工作的途径探索 [J]. 思想理论教育导刊, 2009 (6).

[28] 许可, 查国清. 浅析新时期高校安全稳定工作的新形势新特点 [J]. 管理观察, 2017 (2).

[29] 皮德福, 符新伟, 耿云辉. 基于多元化视角的高校安全稳定管理工作探索 [J]. 西北工业大学学报（社会科学版), 2017 (3).

[30] 万川. 对当前首都高校安全稳定形势的简要分析 [J]. 新视野, 2011 (6).

[31] 李军华. 委婉言语交际的信息编码、解码与反馈 [J]. 湘潭大学社会科学学报, 2003 (3).

[32] 董祥宾. 论思想政治教育视阈中的信任 [J]. 广西社会科学, 2019 (4).

[33] 程辰. 建立全员全程全方位育人体制机制 [N]. 重庆日报, 2019-12-31.

[34] 薛进文. 加强宣传思想工作是高校党委的政治责任 [N]. 中国教育报, 2015-2-7.

[35] 文粉娟. 福建高校大学生思想政治教育精细化研究 [D]. 福

州：福建农林大学，2012.

[36] 胡新峰. 大学生思想政治教育机制研究 [D]. 长春：东北师范大学，2014.

[37] 姚春娟. 中外思想政治教育机构比较 [D]. 合肥：合肥工业大学，2010.

[38] 徐家庆. 多维视域中的高校稳定问题研究 [D]. 济南：山东大学，2015.

[39] 任权东. 高校网络思想政治教育管理机制研究 [D]. 成都：电子科技大学，2015.

[40] 莫云韵. 当代高校学生思想政治教育管理研究 [D]. 天津：天津大学，2007.

后 记

党中央、国务院历来高度重视大学生思想政治教育。大学生思想政治教育的实施离不开高校教学、管理和服务部门的密切配合和有效联动。基于此，开展大学生思想政治教育管理研究具有重要的理论价值和现实意义。本书在界定大学生思想政治教育管理学的研究对象、内涵外延、主体结构，明确大学生思想政治教育管理的本质、规律、原理和原则基础上，从目标管理、组织管理、任务管理、过程管理、管理技术、测评运作模式等方面对大学生思想政治教育管理进行了初步探索与研究。

本书是重庆市教育委员会人文社会科学研究重点项目“高校思想政治教育管理理论与实践研究”（项目编号：17SKG068）主要成果，也是重庆市“习近平关于青年人生发展重要论述研究阐释协同创新团队”（文号：渝教宣发〔2018〕3号）集体智慧的结晶。各章编写人员分别是：第一章为孙渝莉、张静淼，第二章为任海涛、苗国厚、白雪妮，第三章为童隆、童云，第四章为任超阳、刘佳颖，第五章为陈静、胡润，第六章为庞贺峰、邹雪茹，第七章为曾令斌、刘念，第八章为石加友、廖睿。石加友、苗国厚、陈静进行统稿，陈静负责校对。

本书撰写过程中得到重庆市教委、重庆交通大学相关部门领导的关心和支持，在此表示感谢！本书在写作过程中参阅了大量文献，因篇幅所致未能详尽列出，在此表示深深的谢意。

由于我们水平有限，书中难免存在疏漏，恳请专家学者及广大读者批评指正。

编者

2021 年 1 月